Arnulf Zitelmann
Jenseits von Aran

Arnulf Zitelmann

Jenseits von Aran

Abenteuer-Roman
aus Altirland

Mit einem Nachwort des Autors

BELTZ
& Gelberg

Arnulf Zitelmann, geboren 1926, studierte Philosophie und Theologie und lebt als freier Schriftsteller in Ober-Ramstadt bei Darmstadt.
Im Programm Beltz & Gelberg sind bisher erschienen: *Kleiner Weg, Zwölf Steine für Judäa, Nach dem großen Glitch, Unter Gauklern, Der Turmbau zu Kullab, Hypatia* (Auswahlliste Deutscher Jugendliteraturpreis), *Paule Pizolka oder Eine Flucht durch Deutschland* (Gustav-Heinemann-Friedenspreis), *Mose, der Mann aus der Wüste, Abram und Sarai, Unterwegs nach Bigorra* (Friedrich-Gerstäcker-Preis) sowie in der Reihe Biographie *»Widerrufen kann ich nicht«*. Die Lebensgeschichte des Martin Luthers, *»Keiner dreht mich um«*. Die Lebensgeschichte des Martin Luther King (Auswahlliste Deutscher Jugendliteraturpreis), *»Ich will donnern über sie!«* Die Lebensgeschichte des Thomas Müntzer und *Nur daß ich ein Mensch sei.* Die Lebensgeschichte des Immanuel Kant.

Papier aus chlorfrei hergestelltem Zellstoff

Einmalige Sonderausgabe 1998
© 1984 Beltz Verlag, Weinheim und Basel
Programm Beltz & Gelberg, Weinheim
Alle Rechte vorbehalten
Landkarte von Arno Görlach
Gesamtherstellung
Druckhaus Beltz, 69494 Hemsbach
ISBN 3 407 79770 2

Auf Arans Inseln

Es war schon Nachmittag, und noch immer hallten Waffen über den Hof.

»Nein, Crithir, nicht mit Gewalt!« rief Sodelb dem Jungen zu, riß ihren Buckelschild hoch und wehrte seinen Schlag ab. »Willst du nicht endlich versuchen, ein Krieger zu sein?«

Crithir wich einen Schritt zurück und starrte seine Waffenmeisterin an. Ihre Augen über dem Schildrand schienen ihn spöttisch zu verfolgen, und seine Wut kehrte schlagartig zurück. Er stieß einen gereizten Schrei aus, federte in den Knien und schnellte hoch, um ihre Deckung zu durchbrechen. Sodelbs Schildrand empfing ihn und fuhr ihm unters Kinn, daß er hintenüber stürzte und in ihr nacktes Schwert sah.

»Genug für heute«, sagte sie. »Laß deine Waffen und steh auf.«

Crithir biß sich auf die Lippen, die Prellung am Kinn tat weh. Langsam erhob er sich. Sein Körper war mit einemmal schwer und steif.

Sodelb spitzte den Mund und summte halblaut vor sich hin. Sie hatte ihr Waffengehänge gelöst und den eschenen, in Eisenbänder gefaßten Rundschild ins Gras gelegt. »Das war ein guter Sprung«, sagte sie. »Und das ist nicht das einzige, was du auf dem Waffenhof gelernt hast. Du bist zäh geworden, du schlägst dich gut. Aber wenn dir die Galle ins Blut kommt, hast du verloren. Dann haust du nur noch blindlings um dich. Das ist dein Fehler. Denk daran: Nicht du mußt gewinnen, sondern dein Schwert. Das macht einen Krieger, nicht die dicken Muskeln.«

Crithir lockerte sich und wischte den Schweiß aus den Augen.

Die Waffenmeisterin faßte ihn am Kinn und besah sich die Strieme. »Jaca«, rief sie dem Sklavenmädchen zu, das am Jochholz Wasser ins Küchenhaus trug, »bring die Wundsalbe aus meinem Haus!«

Dann musterte sie Crithir. »Du bist wieder gewachsen«, meinte sie. »Du mußt jetzt ein paar Fingerbreit größer sein als ich. Die Mädchen machen dir schöne Augen, besonders die hier.« Sie knuffte Jaca in die Seite. »Das stimmt doch, oder nicht?«

»Doch, Herrin«, antwortete Jaca, sah Crithir verstohlen an und kicherte.

»Geh zurück ans Feuer«, sagte Sodelb. »Und schau dich um, wo Lorc steckt. Er soll unsere Waffen in die Halle tragen.«

Crithir blickte dem Mädchen nach, das zwischen den Hühnern ins riedgedeckte Haus lief.

»Komm, bück dich, heb dein Kinn«, sagte Sodelb. Ihr breites Gesicht war über den Wangenknochen von Falten durchzogen, die in der Mittagssonne hervortraten. »Du magst das kleine Sklavending?« erkundigte sie sich, während sie die Salbe um sein Kinn verteilte. Sie roch nach Strandwegerich.

»Ja«, sagte Crithir. Er stöhnte auf, als Sodelb die Salbe zuletzt mit kräftigen Strichen in die Haut einmassierte.

»So, du bist fertig. Es wird allerdings noch ein paar Tage schmerzen«, sagte Sodelb. »Von dem Mädchen kannst du übrigens lernen.«

»Ich, von Jaca?« fragte er verwundert. »Sie spricht noch kaum die Sprache unserer Inseln!«

»Trotzdem, du kannst dir etwas abgucken von ihr«, sagte Sodelb. »Schau, wie sie über den Hof geht. Jaca hat sehr schnell begriffen, daß sie jetzt eine Sklavin ist und keinen eigenen Willen mehr hat. Was früher war, bevor die Händler

6

sie hierher verkauften, ist für sie erledigt. Sie weiß, daß sie nicht mehr daran denken darf, und hat sich auf ihr neues Leben eingestellt. Und darum geht es ihr auch gut.«

»Und was hat das mit mir zu tun?« fragte Crithir.

»Auch ein Krieger hat keinen eigenen Willen«, erklärte Sodelb. »Er ist der Sklave seines Schwertes. Deine Waffe befiehlt, und du folgst ihr. Du selbst mußt dich dabei aus dem Spiel lassen. Aber wie willst du das schaffen, wenn du so außer dich gerätst? Guck dir an, wie du dastehst! Wir haben miteinander geübt, unsere Waffen gekreuzt, und du hast dich dabei völlig verausgabt, ohne etwas zu erreichen.«

»Ich lerne es wohl nie«, meinte Crithir niedergeschlagen.

»Du wirst es aber lernen müssen!« widersprach die Waffenmeisterin. »Du bist einfach zu ungeduldig. Los, und jetzt geh! Oengus hat nach dir gefragt. Ich soll dir ausrichten, daß er nachher nicht zum Hurlingspielen kommt. Im Hafen am Hundskopfende ist ein Schiff eingelaufen, und Oengus soll die Leute zu seinem Vater nach Dun Eochla an den Königssitz geleiten. Dort erwartet er dich.«

Crithir lief zu dem Rundhaus, das breit unter den Ulmen in der Mitte des Gehöftes lag. Innen glosten die Reste der Torffeuer, und durch den Rauchabzug fielen Sonnenstreifen in den Saal. Lorc, der Haussklave, hatte Polster und Decken zusammengelegt, die Bänke hochgestellt und fegte den Mittelgang aus. Crithir wechselte das Hemdkleid und suchte nach seinem Mantelüberwurf. Er merkte, daß Lorc zu ihm hinüberschaute, und rief: »Hast du Jaca gesehen?«

»Sie ist Torf holen«, antwortete der Mann. »Soll ich nach ihr rufen?«

»Nein, laß nur«, sagte Crithir. »Ich muß mich beeilen, Oengus wartet auf mich.«

Er rannte aus dem Haus auf den Mauerdurchlaß zu, folgte der Wagenstraße und bog bei den aufrechtstehenden Seelensteinen ins Walddickicht ein. Der Pfad führte zwischen Eiben und Ulmen zum Sandstrand der Insel.

Nach einer Weile berührte der Weg eine Lichtung, an deren Ende sich ein mit weißen Steinen umfaßter Hügel erhob. Crithir blinzelte gegen das Sonnenlicht und blickte zu der von Gestrüpp und Strauchwerk freigehaltenen Erdkuppe hinüber, aus der ein von seitlichen Steinplatten gehaltenes Felsenvordach über dem Hügeltor ragte, dessen dunkle Schwelle diese Welt mit der jenseitigen Anderswelt verband. Wie jedesmal, wenn er an der Stelle vorbeikam, fühlte sich Crithir auch jetzt von den unsichtbaren Augen der Wächter des Hügels beobachtet, die dem Fuß der Sterblichen den Zutritt ins Land der Feengeschlechter und Helden verwehrten. Scheu überkam ihn, und Crithir atmete erleichtert auf, als ihn der Wald wieder verbarg.

Abends, wenn Crithir beim Einschlafen ins Torffeuer starrte, zogen die Wagenkämpfer und Lanzengewaltigen der Vorzeit an ihm vorüber. Sie drangen aus den Hügeltoren der Insel und sammelten sich zur Schlacht gegen die Heerhaufen der Fremden, die Eriu bedrohten. Er kannte die Schwertkämpfer alle, ihre Namen und die ihrer Pferde und sah in ihrem Gefolge sich selbst, Crithir, den Sohn Ruads aus dem Volk der Corco Mruad. Auch jetzt, während er weiter dem sacht fallenden Pfad durch den Wald folgte, begleiteten ihn die Tagträume zukünftiger Taten. Er sah sich hoch zu Wagen, Beutegoldreifen prunkten an seinem Arm, die bronzebeschlagenen Räder knirschten, und die langohrigen, schmalnasigen, breitbrüstigen Pferde seines Gespanns griffen aus, daß die Hufe flogen.

Hinter dem Wald lag die Koppel. Crithir zog die Holzstange aus dem Mauerloch und rief nach Darine, seiner grauen Stute mit der gewellten Mähne. Das Pferd hob den Kopf, spitzte die Ohren und kam langsam zu ihm getrottet. »Auf, wir wollen nach Dun Eochla«, sagte er und klopfte der Stute den Nacken. »Deinetwegen habe ich den ganzen Umweg durch den Wald gemacht. Komm jetzt!« Er nahm den Halfterstrick, führte Darine aus der Koppel, sicherte den Durchlaß, sprang auf und ritt los.

Schade, aus dem Hurlingspiel wurde heute sicher nichts mehr. Die anderen Jungen vom Waffenhof mußten unten am Strand umsonst auf ihn warten. Bei den vergangenen Herbst-festspielen hatten sie die Südmannschaft der Insel überlegen geschlagen und danach ihren Sieg unter Sodelbs Dach bei Bier und Braten tagelang gefeiert. Crithir war es beim Ausschei-dungskampf gelungen, dreimal hintereinander den Ball ins gegnerische Zielfeld zu bringen. König Uisliu war sehr stolz auf seinen Ziehsohn gewesen und hatte Crithir als Zeichen seiner Anerkennung Darine geschenkt. Jetzt aber sah es nicht so gut für seine Mannschaft aus. Brion hatte sich das linke Knie gebrochen, und Oengus, der im vorigen Jahr ihr Spielführer gewesen war, konnte sich nur noch selten freima-chen, weil sein Vater Uisliu kränkelte und die Dienste von Oengus in Dun Eochla benötigte.

Crithir schnalzte und lenkte Darine in einen von Haselnuß-hecken umsäumten Weg. »Lauf ein bißchen schneller!« drängte er und trabte an Rundgehöften, Hütten und Feldern vorbei hangaufwärts. Vor der äußeren Umfassungsmauer des Königssitzes sprang er ab und brachte Darine in den Pferch. Auf den Ringmauern der Festung lag bereits die Abendsonne, der Wind hatte aufgefrischt und trieb Wolken über den Inselrücken. Um Dun Eochla war es immer betriebsam und laut, aber heute lärmten Stimmen von allen Seiten, Wagenräder rasselten in dichter Folge zur Festung empor, Hunde bellten, Sklaven zerrten Schweine zum Abstechen in den Vorhof.

Crithir kam mit Mühe durchs äußere Tor und versuchte sich Brion bemerkbar zu machen, dessen weißblondes Zopfhaar er in der Menge erspäht hatte. Aber das Gedränge war zu groß. Uisliu schien alle seine Leute zusammengerufen zu haben. Sogar von der mittleren und der kleinen Südinsel der Arans waren sie gekommen, Häuptlinge in vollem Waffenschmuck, Frauen in bunten, reichbestickten Gewändern.

Zwischen den Wagen am Abschirrplatz erkannte er plötzlich Sodelbs Gespann. Lorc führte gerade die beiden Braunen aus dem Joch. Dann entdeckte Crithir auch die Waffenmeisterin. Sie stand neben Oengus, der die innere Festungsmauer hinaufzeigte und auf Sodelb einredete. Seinen Freund hätte Crithir aus der dichtesten Menschenmenge herausgefunden, denn Oengus trug den Nacken sehr gerade und so hoch über den kräftigen Schultern, daß er damit unter den anderen Männern auffiel. Seine Stirn war meist von einem grünroten Stirnband umschlungen, und den dichten Kinnbart hielt er kurz geschoren. Ein grünseidener Mantelüberwurf verlieh ihm heute fürstliches Aussehen, und Crithir fragte sich neugierig, was das für wichtige Leute waren, daß er zu ihrem Empfang sein kostbarstes Prachtgewand trug.

»Oengus«, rief er, als er sich zu ihm durchgedrängt hatte, »komm, ich glaube, es wird so voll in der Halle, daß wir bald keinen Platz mehr finden!«

»Warte, wir gehen sofort!« antwortete Oengus und nickte ihm flüchtig zu. »Sodelb und ich sind gleich soweit.«

Dann deutete er aufs neue den Mauerring hinauf, über dem in diesem Augenblick die Köpfe von Kriegern erschienen, die aufmerksam die Wagengespanne unter sich musterten.

»Glaub mir«, sagte Oengus in eindringlichem Ton zu der Waffenmeisterin, »ich gebe uns nicht eine Woche. Im Ernstfall sind wir in Dun Eochla verloren!«

»Aber Oengus, was redest du?« fragte Crithir verwundert.

»Er meint«, erklärte Sodelb, »Dun Eochla könne die Inseln nicht mehr genügend schützen, die Festung sei zu klein geworden.«

»Viel zu klein«, warf Oengus ein. »Schau dich um, was für ein Gedränge schon jetzt zwischen den Mauern herrscht. Und dazu mußt du noch Kühe, Schweine, die Familienstämme der Freibauern, unsere Sklaven und die Vorräte für eine Belagerung rechnen. Wo soll das alles hin?«

»Wir müssen ein andermal gründlich darüber sprechen«, sagte Sodelb. »Kommt, wir gehen in den Saal!« Sie blickte Oengus an und meinte: »Crithir weiß wohl noch nichts, du sagst es ihm besser gleich hier.«

»Es sind Leute aus dem Gefolge deines Vaters gekommen«, berichtete Oengus und legte Crithir den Arm über die Schulter. »Ruad, dein Vater, ruft dich zurück. Deine beiden älteren Brüder sind erschlagen.«

»Colman, Brandub«, stammelte Crithir. Verschiedene Male hatten ihn die Brüder in den Jahren, während er auf Aran heranwuchs, besucht und ihm Grüße, Mahnungen und Geschenke des Vaters überbracht. Brandub war im vergangenen Sommer sogar ein paar Wochen auf den Inseln geblieben und hatte bei ihm im Waffenhaus von Sodelb gewohnt. Und die Schleuder, mit der Crithir auf Kaninchenjagd ging, hatte ihm Colman angefertigt. Sie war sein besonderer Stolz, denn sein Bruder hatte ihre Wurfbänder aus einundzwanzig Pferdeschwanzhaaren geflochten. Mit Colman war er gern zusammen, denn der Bruder war ein umgänglicher Mann, der fröhlich redete und erzählte und den lieben langen Tag spaßte. Wie Crithir war er in Ziehsohnschaft von Uislius Haus großgeworden. Colman hatte mit Arans Fischerleuten Harpunen geworfen, ihren Töchtern Kinder gezeugt und abends beim Fidchellspiel mitgemacht, dessen Figuren er trickreich auf dem Brett zu bewegen wußte. Brandub und Colman, Rückendecker des Königs unter den Corco Mruad, seine Brüder waren tot! Ihm war, als ob es ihm die Herzadern zerschnitt, aber zugleich blieben die Worte von Oengus so unwirklich, daß er sie nicht begriff.

Oengus zog Crithir mit sich. »Da hinten, neben Oirbsen, dem Druidenpriester, sehe ich einen von den Schiffsleuten«, sagte er. »Er soll dir selbst berichten.«

Crithir erkannte beim Näherkommen Bran, den alten Steuermann von Ruads Königsschiff, und hob seine Hand zum Gruß. Der Alte stutzte einen Augenblick, aber dann ging ein breites Lächeln über sein Gesicht.

»Crithir, wie hast du dich verändert!« rief er aus. »Groß und kräftig bist du geworden, seit ich dich zuletzt sah. Ich habe schon die ganze Zeit Ausschau nach dir gehalten.«

Der Junge verbeugte sich vor dem Druiden und wandte sich an Bran. »Was ist mit meinen Brüdern?« fragte er tonlos. »Stimmt es, daß sie erschlagen sind? Und wer hat ihren Tod gesühnt?«

»Möge ihnen ein guter Platz in Tirnanogs Gefilden beschieden sein«, murmelte Bran und fuhr fort: »Fuß an Fuß nebeneinander sind sie im Kampf gegen eine Bande von Landräubern aus Muma gefallen und als Krieger mit ihrem

Speer bestattet worden. Nun bist du, junger Herr, der einzige Leibessproß, der Ruad geblieben ist. Der König heißt dich nach Hause zu kommen, um an seiner Seite den Tod deiner Brüder zu rächen.«

»Wann fahren wir?« fragte Crithir.

Der Steuermann hob die Schultern. »Wir sind Gäste deines Ziehvaters Uisliu«, sagte er, »und ich bin gekommen, die Stämme der Arans um Waffenhilfe für unser Volk zu ersuchen. Sobald mein Auftrag erledigt ist, werfen wir die Leinen los. Am liebsten schon morgen, denn mein Herr erwartet mich dringend zurück.«

»So schnell geht das nicht!« widersprach Sodelb. »Erst muß der Junge seine Tabus erfahren, sonst kann er nicht als Krieger die Insel verlassen!«

Oirbsen stimmte ihr zu. »Sodelb ist Crithirs Waffenmeisterin«, erklärte er Bran. »Sie muß für ihn die Seherkraft beschwören, und die Geister der anderen Welt lassen sich nicht drängen. Ich werde Uisliu bitten, dich und die anderen Männer der Gesandtschaft für die nächsten Tage als Gäste zu behalten.«

Prasselnde Ölpfannen, Feuer und Fackelschein erhellten die Königshalle bis unter die Dachsparren des hohen Hauses. Oirbsen hatte Bran, Sodelb, Oengus und Crithir zum Hochplatz des Königs gegenüber vom Eingang des Saales geleitet. Uisliu und Edain, die Königsfrau, hatten ihren Gruß erwidert, und der König winkte Crithir zu sich auf die Kissen der Herrscherbank. Verlegen nahm er auf dem Sitz Platz, aber Uisliu nickte ihm beruhigend zu und hieß den Schenken, seinem Ziehsohn den Willkommenstrunk zu reichen. Crithir merkte, daß der König krank aussah, seine Augen waren verschwollen, und Uislius Atem ging schwer.

In der Halle brauste Gelächter, laute Rufe flogen zwischen den Bänken hin und her, an den Fleischspießen brutzelten Schweine und streckten ihre Beine starr in die von Bier- und Schweißdünsten gesättigte Luft. Brennholzträger, Feuerschürer, Bratenwender und Fleischzerleger hatten alle Hände voll zu tun, Diener und Mägde eilten an die Tische und füllten Trinkhörner und Becher. Zwischen den Gästen schlug der Spaßmacher des Königs seine Purzelbäume, schnitt Grimassen und rieb sich den Magen. Crithir saß stumm in den Kissen und wünschte, Oengus wäre wenigstens in der Nähe geblieben, doch er konnte ihn nirgends finden.

Nach einer Weile wandte sich Uisliu ihm zu und legte ihm die rechte Hand aufs Knie. »Deine Tage auf Aran sind gezählt, mein Sohn«, sagte er. »Die Schiffsleute haben es dir sicher schon gemeldet, dein Vater ruft dich zurück.«

»Ja, mein Herr«, sagte Crithir.

»Die Waffenmeisterin und Oengus reden Gutes von dir«, fuhr der König fort. »Wenn du die Waffen aufhebst, dann denk daran, daß der Tod allen Edlen lieber ist als ein ehrloses Leben.«

»Ich werde es nicht vergessen, mein König«, antwortete Crithir.

Uisliu lächelte ihm zu, zog einen Ring vom kleinen Finger und drückte ihn in Crithirs Hand. »Trag ihn in Ehren«, sagte er. »Du bist auf den Arans großgeworden, mach unseren Inseln keine Schande.«

Crithir nahm schweigend das Kleinod an. Der Fingerreif hatte die Gestalt einer in sich zurückkehrenden Schlange, die einen Stein, rot wie Blut, in ihrem Maul hielt. Sein Herz klopfte, als er sah, wie der Feuerschein in dem Blutstein glühte.

Inzwischen war Oirbsen aufgestanden. Er trat zwischen die Männer und Frauen in die Mitte der Halle und ließ den Knauf seines Priesterstabs dröhnend gegen einen Bronzekessel schallen. Lärm und Gelächter verstummten, und zwischen den Bänken wurde es so still, daß man das zischende Fett im Herdfeuer hörte. Der Druide erhob seine Stimme und verkündete: »Gäste beehren uns heute, Freunde aus dem Volk der Corco Mruad, das unseren Inseln benachbart wohnt. Sie sind den Göttern und Sippen von Aran willkommen!« Im Saal murmelte es Zustimmung. Der Druide wartete, bis wieder Ruhe eintrat, und wandte sich dann an die Gesandtschaft vom Schiff, die auf den Bänken hinter Uisliu den Ehrenplatz einnahm. »Ihr habt ums Wort gebeten, tragt euer Anliegen nun vor!«

Bran, der Steuermann, stand auf. »Ihr Herrschaften und Edlen von Aran, meine Botschaft ist bald gesagt«, begann er. »Morrigan, die Schlachtgöttin Erius, reitet mit ihren blutlüsternen Schwestern durchs Land und schürt Feindseligkeit unter den Stämmen. Niall und seine Söhne, die Fürsten von Connachta, sind unter Waffen, dringen in die Provinz Ulad ein, machen Mide zu ihrem Schwertland und fordern Steuer und Geiseln von Muma im Süden.«

Bran hob sein Bierhorn, trank, wischte sich den Bart und fuhr fort: »Das Stammesgebiet unseres Volkes liegt im äußersten Westen aller Provinzen, und in den Streit zwischen Nord und Süd wollen wir nicht hineingezogen werden. Doch man hat uns nicht in Frieden gelassen. Vor zwei Neuntagewochen fielen Männer der Deisi, die Mumas Herrscher tributpflichtig sind, in unsere Grenzen ein. Sie warfen Feuer in die Höfe, raubten unser Vieh, haben zwei unserer Rundfestungen südlich vom Berg Elva mit List genommen, die Köpfe unserer Leute auf ihre Schilde gehäuft und sind in ihr Land zurück, noch ehe sich unsere Krieger sammeln konnten. Die beiden Söhne Ruads wurden bei dem Überfall erschlagen. Mein Herr ruft darum jetzt Crithir, den Jüngsten, zum Waffendienst an seine Seite.«

Crithir zwang sich aufrecht zu sitzen, die Männer im Saal klapperten mit ihren Messern und nickten ihm zu. Zwischen ihnen entdeckte er endlich auch Oengus, der ihm von der gegenüberliegenden Feuerseite aus zuwinkte.

»Wir brauchen Hilfe!« schloß der Steuermann. »Unser König wendet sich an jeden von euch, der sich im Kampf bewähren will. Kommt nach Thomond, helft die Freiheit unserer Völker verteidigen!«

Bran setzte sich, die Männer trampelten Zustimmung, hoben die Buckelschilde von den Wänden und schlugen mit ihren Schwertern dagegen. Crithir rutschte von seinen Kissen und rannte zwischen den Feuern hindurch zu Oengus und umarmte ihn. Man rief laut nach neuem Bier, die Männer lachten und brüllten, und ihre Frauen klatschten Beifall. Crithir reckte sich und bemerkte, daß der König aufgestanden war. Er stand bei Oirbsen und besprach sich mit ihm. Dann hob er die Hände und verlangte Ruhe.

Es brauchte geraume Zeit, bis sich die Erregung so weit gelegt hatte, daß Uisliu sprechen konnte. Alle sahen, wie hinfällig der König in den letzten Monaten geworden war. Alte Wunden und eine versteckte Krankheit zehrten an seinem Leben, doch an Ansehen und Würde hatte Uisliu nichts verloren.

»Freunde, Gesandte, ihr Edlen der Arans, seit jeher verbindet Freundschaft unsere beiden Völker«, sagte der König langsam, und es war deutlich, wie schwer ihm das laute

Reden fiel. »Einige von euch sind unter den Familiensippen der Corco Mruad aufgewachsen, und umgekehrt hat manch Edler aus deren Geschlechtern seine Kindheit auf unseren Inseln verbracht. Ziehelternschaft und Blutsbrüdereide knüpfen zwischen unseren Völkern unlösliche Bande. Unsere Barden und Sänger berichten von mancherlei Kämpfen, die unsere Vorväter Seite an Seite bestanden, und das soll heute nicht anders sein.«

»So ist es!« riefen Stimmen im Saal.

Uisliu hustete, suchte nach Luft und redete weiter: »Wir werden also unseren Freunden Beistand leisten. Mit Männern und Waffengerät, soviel jede Sippe entbehren kann. Das Schiff bleibt einige Tage im Hafen von Hundskopfende, bis dahin kann jeder seine Vorbereitungen getroffen haben. Laßt uns morgen um die Mittagszeit zusammenkommen und alles Nötige weiter beraten!«

Nachdem der König gesprochen hatte, gingen Essen und Trinken weiter. Mädchen mit Metkannen und Bierschöpfern drängten sich durch die Halle, neue Bratenstücke wurden auf die Fleischspieße gesteckt, Krieger zeigten stolz die Wundmale alter Fehden, und schließlich traten auch die Barden und Liedermacher des Königshauses auf. Sie setzten die Harfe aufs Knie und priesen die Edlen und Tapferen der Vorzeit und die Helden, die einst mit ihnen an Tirnanogs Ufern zu Tisch liegen würden.

Die Lieder der Barden hatten Crithir von Kindheit an in Bann geschlagen. Eine Zeitlang hatte er sogar gewünscht, selbst ein Harfner und Liedermacher zu werden, aber dann hatte er sich zu guter Letzt doch für die Waffenkunst entschieden. Seine Liebe zu den Sängern war jedoch geblieben. Ihre Lieder prägte er sich Wort für Wort ein, besonders jene, die von Tod und Taten seines Lieblingshelden Cuchulain erzählten. Seiner Tapferkeit wollte Crithir nacheifern, und beim Brandungsfischen an der Steilküste besang er ihn, daß seine Stimme durch den Wind über die Wellen trug. An einem solchen Tag zwischen den Meeresklippen hatten Oengus und er einander Freundschaft geschworen, Blut getrunken und so ihre gegenseitige Rachepflicht beeidet. Oengus hatte gefragt: »Und wie bald wirst du meinen Tod sühnen?«, und Crithir hatte versichert: »Noch am gleichen Tag will ich dein Bluträcher sein.«

Blutsbrüder würden sie bleiben, schwor sich Crithir, auch wenn ihn der Vater jetzt übers Meer nach Hause rief. Er faßte den Freund am Arm und wäre jetzt gern mit ihm allein gewesen. Aber Männer drängten sich zwischen sie, lachten, hieben auf den Tisch, nickten und versicherten, sie würden den Corco Mruad zu Hilfe kommen, und sei es auch nur, um mit ihrem Aufgebot jeden möglichen Angreifer abzuschrecken, den es vielleicht nach Arans reichen Küsten gelüstete.

Das Geschlecht Uislius herrschte seit Generationen über die Inseln, das Volk verehrte die Götter, achtete die überkommenen Bräuche, und Land und Bewohner gediehen. Die Fischgründe bescherten üppige Fänge, Hecken und Bäume versorgten die Schweine mit Mast, auf den Feldern Arans gedieh vielfältige Frucht, Bienen arbeiteten im Honig, und die prallen Euter des Milchviehs gaben Milch im Überfluß. Dennoch hatte seit langem kein Eroberer es gewagt, den Frieden der Inseln zu stören, denn die Waffentüchtigkeit ihrer Bewohner war bekannt.

So redeten die Männer, und die Gesandten der Corco Mruad traten herzu und riefen die Götter zu Zeugen, daß Ruad, ihr König, die Freundschaftsdienste der Edlen Arans reichlich belohnen werde. Man prostete einander zu, umhalste Gefährten und Waffenbrüder, trank sich an Bier und Honigmet satt und belachte die Narreteien des Spaßmachers. Zwischen Tischen und Feuern rauften Betrunkene, Hunde schnappten nach Markknochen, und Dudelsackpfeifer verbreiteten ausgelassene Stimmung unter den schmausenden Gästen.

Lange bevor Stroh herbeigeschafft und die Schlafmatten ausgebreitet wurden, verließ Crithir den Saal. Ihn drückte die Trauer um Colman und Brandub und ließ ihn nicht mit den Tischgenossen fröhlich sein.

Er passierte die Wachtposten am Tor, die sich im Feuerschein mit Würfeln die Zeit vertrieben. Mittlerweile war es Nacht geworden, es hatte geregnet, und Sternenlicht funkelte auf den Tümpeln. Nordwestlich stieg der zunehmende Mond über Connachtas Küstenberge. Der Junge pfiff an der Pferdekoppel, und Darine trabte herbei und scharrte mit dem Vorderhuf. Crithir kletterte in den Pferch, drückte das Gesicht an die Nüstern seiner Stute und streichelte ihre Flanken. Unvermittelt fiel ihm ein, daß er bald von Darine Abschied nehmen mußte, genau wie von den Freunden, Sodelb und Oengus, und dann auch von Jaca. Er fühlte sich elend bei dem bloßen Gedanken. Aber er durfte sich nicht gehenlassen. »Ein Krieger ist bereit, was immer geschieht«, hatte Sodelb ihren Schülern täglich eingeschärft. Und ein Krieger wollte er werden, als Krieger mußte er sich jetzt beweisen. Wie sollte er sonst an der Seite seines Vaters stehen können, um den Tod seiner Brüder zu rächen?

Crithir atmete tief und zwang sich zur Ruhe. Dann schwang er sich über die Mauer, schnürte seine Fellschuhe und lief auf der Wagenstraße bis zum Gehöft der Waffenmeisterin.

Ohne die anderen Jungen wirkte der Schlafsaal wie ausgestorben. Crithir tastete nach seinen Decken und zog sie zur Feuerstelle, wo noch ein Torfrest glühte. Er legte den Arm unter den Kopf und versuchte sich das Gesicht des Vaters vorzustellen. Wieviel Zeit mochte vergangen sein, daß Ruad ihn auf die Inseln gebracht hatte? Acht Jahre oder sogar neun? Er wußte es nicht. Von der Kindheit in Thomond war ihm kaum ein Erinnerungsrest geblieben, und wenn Crithir an seinen Vater dachte, verlor sich sein Bild wie ein ferner, undeutlicher Schatten. Wie es die Sitte Erius verlangte, würde der Sohn, wenn er die Waffen eines Kriegers bekam, seinen Vater zum ersten Mal wiedersehen.

Crithir wälzte sich in den Decken. Im Halbschlaf kamen die Stimmen der Brüder zu ihm, die ihm von Ruad, dem König der Corco Mruad, erzählten. Ein starker Kriegsherr war Ruad, der seine Feinde niedertrat, ein verläßlicher Schild seines Volkes. Noch nie war seine Ehre ungerächt geblieben. Auf seinen Rundreisen zwischen den Stämmen seines Volkes sprach er gerechtes Recht und strafte die falschen Zungen. Jährlich rief Ruad die Familiensippen zur Oenach, wo sich die Edlen versammelten, Wagenrennen und Wettkämpfe ausgetragen wurden und der König sich neu der Muttergöttin des Stammes vermählte. Die Druidenpriester sangen, Verträge wurde abgeschlossen, Steuern festgesetzt, und die Barden rühmten Ruads Freigebigkeit, die fürstliche Bewirtung seines Hauses und das Ansehen seines Geschlechts unter den Fürsten der fünf Provinzen. So schilderten Brandub und Colman ihren Vater, einen wahrhaft achtunggebietenden Mann. Crithir hatte an Ruad bisher stets mit stolzen Gefühlen gedacht, nun aber fragte er sich, wie es wohl sein würde, als Sohn in seiner Nähe zu leben.

Die Erinnerung an die Mutter war ihm lebendiger geblieben. Er sah sie scherzen, viel lachen, hatte ihre Lieder behalten und wußte noch, wie sie ihn mit ihren schwarzen Haaren spielen ließ. Auch von den Gesichtszügen der Mutter hatte sein Gedächtnis ein deutliches Bild bewahrt. Die dunklen, langgezogenen Brauen über der sehr geraden Nase paßten zu ihren schwarzen Augen, das Kinn auf dem schmalen Hals trug sie hoch, doch ihr Mund war weit und weich gewesen. Noch jetzt besuchte sie ihn manchmal im Schlaf, war lieb zu ihm, und wenn er aufwachte, ging tagsüber die dunkle Stimme der Mutter ihm nach und rief die Erinnerung an ihr Lachen zurück.

Colman hatte von ihr einen anderen Eindruck übrigbehalten. »Deine Mutter war Ruads zweite Nebenfrau«, hatte er erklärt. »Fand, so hieß sie. Vier Frauen hat der König gehabt und mit ihnen Söhne und Töchter gezeugt. Brandub und ich sind von seiner Hauptfrau geboren. Deine Mutter hatte der König als Beutegut in sein Haus gebracht. Sie war eine Häuptlingstochter aus den Stämmen des Altvolks, das die Gälen in die Sümpfe und Wälder vertrieben, wo die letzten von ihnen heute ein armseliges Leben fristen. Ich habe Fand, deine Mutter, um ihre Leute trauern gesehen. Sie lachte nicht und mochte weder essen noch schlafen. Ein Jahr lang hat sie dem König ihren Leib verweigert und ihm nach dir nur noch eine Tochter geboren. Am Tag, als Ruad dich auf die Arans brachte, ist sie davongeritten. Er hat sie ziehen lassen, und keiner hat je wieder von ihr gehört.«

Crithir faßte unter der Decke nach seinem Anhänger am Hals. Es war ein flaches goldenes Döschen mit einem Medaillon von der Größe seiner inneren Handfläche. Fand hatte es ihm geschenkt, und er trug es unter seinem Gewand an einem fuchsroten Band. Das Medaillon war sein Schutzzeichen und Amulett, die größte Kostbarkeit, die er besaß.

Schon halb im Schlaf hörte er tapsende Zehenspitzen und Jacas wispernde Stimme. »Alle sind auf Dun Eochla geblieben«, flüsterte sie. »Darf ich zu dir?« Sie kroch in seine Armbeuge, und Crithir lächelte ihr im Dunkeln zu.

Zeichen der Seherkraft

Sodelb weckte Crithir beim ersten Morgenlicht. Sie rüttelte ihn an der Schulter und sagte: »Junge, steh auf, wir haben viel vor uns! Lauf, draußen steht der Wasserbottich.«

Crithir stolperte auf seine Füße, suchte nach Kleid und Schuhen und folgte ihr schlaftrunken in den Hof. Der große Holzzuber dampfte und das Wasser brodelte, als Jaca einen heißen Stein hineinplumpsen ließ.

»Wenn es zu heiß wird, bringe ich kaltes Wasser!« rief sie ihm zu. »Drüben liegen Seife und Bürste. Los, steig hinein und fühl, ob es richtig ist, ich kann hier nicht ewig stehen!«

Brummend warf Crithir sein Hemdkleid ab, hob ein Bein in den Bottich und zuckte zurück. »Willst du mich kochen?« schrie er. »Gieß kaltes Wasser nach, zwei Eimer mindestens.«

Jaca zuckte die Schultern. »Wie du willst. Mir wäre es so gerade recht.«

Sie spricht wie die Arans, wenn sie nur will, dachte er. Und war sie nicht heute nacht bei ihm gewesen? Er versuchte sich zu erinnern, gab es aber bald auf und genoß die Wärme.

Er sah Sodelbs Kampfwagen am Hoftor stehen. Die Waffenmeisterin prüfte die Räder und rief nach Lorc. »Der Wagen muß zum Schmied, er soll die Reifen neu aufziehen! Sag Fergal oder einem anderen Jungen Bescheid.« Sie drehte sich um, betrachtete Crithir, kam herüber und stellte sich neben ihn. »Du wirst heute den Tag über fasten«, teilte sie ihm mit.

Crithir blickte auf. »Warum denn?« fragte er. »Ich habe jetzt schon Hunger.«

Sodelb zog die Brauen zusammen. »Hast du vergessen, daß uns nur noch wenige Tage für die Imbas Forosnai bleiben?

Willst du aus der Waffenlehre gehen, ohne die Tabus erfahren zu haben, die ein Krieger kennen muß?«

Crithir fuhr zusammen. »Nein«, antwortete er kleinlaut. »Natürlich faste ich. Aber ich habe doch nicht gewußt, daß ich heute schon damit anfangen soll.«

»Deswegen sitzt du auch im Wasser«, erklärte sie ihm. »Du mußt rein, aufmerksam und bereit sein, wenn ich die Seherkraft rufe.« Die Waffenmeisterin kauerte sich zu ihm hinunter an den Zuber. »Hör jetzt gut zu«, sagte sie leise. »Du gehst nachher los und siehst, ob du irgendwo auf der Insel einen verwilderten Hund findest. Den bringst du hierher. Aber du darfst ihn nicht verletzen, und es muß ein starkes, gesundes Tier sein, ein Rüde. Hast du alles verstanden?«

Er schaute sie unsicher an. »Gesund und unverletzt? Wie soll ich das machen?«

»Du hast nicht die richtige Einstellung!« beschwerte sich Sodelb gereizt. »Ein Krieger ist bereit, mehr ist dazu nicht zu sagen. Bring deine Gedanken in Ordnung. Wenn du deinen Hund triffst, mußt du klar und ohne Zweifel sein. Das gehört dazu, wenn du ein Krieger sein willst.«

Crithir umklammerte den Bottichrand. »Aber wie soll ich das anstellen, den Hund fangen und zu dir bringen?«

Sodelb verzog belustigt den Mund. »Willst du, daß ich dir Vorschläge mache?« meinte sie. »Wie zum Beispiel wäre es mit einem Fischernetz?«

Crithir spuckte auf den Boden. »Ich will hier raus«, sagte er böse. »Geh zur Seite!«

Die Waffenmeisterin lachte. »So gefällst du mir besser«, sagte sie. »Viel besser. Nur denk daran: Wenn du deinen Ärger mit dir durchgehen läßt, machst du Fehler.« Sie rief nach Jaca. »Komm, Mädchen, wasch ihm die Läuse aus den

24

Haaren. Und bring kaltes Wasser mit, daß ihm das Bier aus dem Kopf geht!«

Mit frischem Hemdkleid und bloßen Füßen stand Crithir später im Mauerdurchlaß. Über dem Nordteil der Insel kreiste ein Seeadlerpaar im Sonnenaufgangslicht. Vielleicht ist das ein Zeichen, dachte er und entschloß sich, auf der Heide am äußersten Ende der Insel nach seinem Hund zu suchen.

Unterwegs pflückte er Binsen und flocht im Gehen ein breites, langes Band. Als es ungefähr drei Schritt maß, verknotete er die offenen Enden, warf es über einen Ast und prüfte seine Zugfestigkeit. Es hielt. Er gürtete das Kleid und rannte die Nordküste entlang, bis er, als die Sonne handbreit übers Meer gekommen war, am Rand der Heide stand.

Kuckucksstimmen riefen aus den Birken, Wacholder wurzelte zwischen buschiger rosablühender Erika, Ginster und flechtenbesetzten Steinen. Crithir ging langsam bis zu einer kleinen Felsgruppe, kauerte sich zwischen zwei Steinblöcke, roch in den Wind, beobachtete die Landschaft und wartete. Zwei Falter schaukelten vorbei, kreisten umeinander im Wind und ließen sich mit bebenden, blauschillernden Flügeln im weißen Labkraut nieder. Ameisen krabbelten über seine Zehen. Er hörte ein Kaninchen mit den Hinterläufen klopfen, ein Steinwurf weit weg bewegte es sich zwischen den Seggengräsern, und dann sah er hintereinander drei, vier Kaninchen wegspringen. Crithir hob den Kopf und stieß die fiependen Jagdlaute eines Wolfshundes aus. In der Küstengegend hörte er zwischen fernem Brandungsrauschen einen anderen Hund anschlagen. Langsam kniete der Junge auf, spähte über die Heide und sah nach einer Weile einen rotbraunen Schatten gestreckt aus den Ginsterbüschen hervorschnellen, mit einem Satz auf seine Beute setzen und zubeißen. Crithir löste das Binsenband von den Hüften, legte das Ende zu einer Schlinge und glitt von dem Felsen.

Auf Händen und Knien rutschte er Stück um Stückchen auf das Tier zu. Eine Wolke von Raubmöwen versammelte sich kreischend über dem schlingenden Hund, tauchte hinunter und strich dicht über ihn hinweg. Der Hund sprang auf und verbellte das zudringliche Geflatter. Crithir konnte sehen, daß das Tier ein ausgewachsener Rüde war, über dessen rotes Fell ein schwarzer Rückenstreifen bis in den Schweif lief. In unmittelbarer Nähe des Roten hockte er sich zwischen die dichtstehenden Gräser. Das Tier blickte kurz auf, zog die Lefzen hoch, zeigte seine mörderischen Fänge und zerrte seine Beute einen Schritt zur Seite. Crithir kroch ihm hinterher, winselte kleine Bettellaute, stieß die Luft durch die Nase und weinte wie ein junges Welpenkind.

Der Hund ließ sich nicht stören, knurrte nur drohend und zerbrach weiter die Knochen mit seinen Zähnen. Crithir bewunderte den sehnigen Körper, das Spiel seiner Muskeln. Dabei winselte er in einem fort, bis sich das Tier neben die spärlichen Reste seiner Mahlzeit satt auf den Bauch legte. Die Möwen spektakelten und lärmten, und Crithir streckte sacht einen Arm aus und kraulte den Roten hinterm Ohr. Der hob den Kopf und schaute sich schläfrig um. Mit einem Ruck warf Crithir ihm die Schlinge über die Schnauze, riß sie mit Gewalt zu und warf sich von der Seite über das Tier.

Er konnte nur hoffen, daß die Schnur hielt. Denn der Wolfshund bäumte sich unter ihm, tobte und schüttelte rasend den Kopf, daß die Binsenschnur heiß in Crithirs Handfläche schnitt. Nur unter dem Aufwand seiner ganzen Kraft gelang es ihm endlich, den Hund ins Gras zu drücken.

Er zerrte ihm die Schnur noch einmal über die Schnauze, zog einen Knoten hinein, faßte das Ende der Schnur und sprang aus der Nähe.

Einen Augenblick blieb das Tier liegen. Dann fiel es den Jungen an, rannte ihn um, stieß ihm die schäumende Schnauze in die Kehle und ratschte mit wirbelnden Läufen über seinen Bauch, daß Crithir vor Schmerz aufheulte. Dann war die Schnur seinen schweißnassen Händen entglitten, und der Hund fegte zwischen Erikabüschen und Ginsterzweigen davon.

Benommen kam Crithir auf die Beine, taumelte, fing sich und jagte dem Roten hinterher. Sein Fuß geriet in ein Erdloch, knickte um. Ohne auf den Schmerz zu achten, riß er ihn heraus und rannte keuchend weiter. Hinter einer Wacholderhecke verlor er den Hund aus den Augen. Aber kurz darauf fand er ihn wieder. Der Rote lag, die Läufe von sich gestreckt, neben einem Schwarzdornstrauch, die Schnauze schaumig weiß und seine Nase von Schleimblasen verschlossen. Japsend kniete Crithir nieder und putzte dem Tier die Nase, säuberte sie mit Spucke und sah, wie der Hund die Augen aufschlug, ihn anschaute und erschöpft wieder die Lider schloß. Sein Herz jagte, die Haut unter dem Fell glühte. Crithir stellte sich gegen die Sonne, daß sein Schatten den Wolfshund bedeckte, und wartete, bis der Rote ruhiger atmete. Dann scheuchte er ihn hoch und hetzte den Hund weiter.

Das Tier rannte los, wurde aber schnell langsamer, torkelte und fiel um. Seine Kraft war verbraucht. Crithir ging zu ihm, knotete ihm das freie Binsenschnurende um den Hals, löste die Fessel von der Schnauze und hockte sich, die Leine ums Handgelenk geschlungen, zu dem Tier. »Du bist ein tapferer

Krieger!« flüsterte er dem hechelnden Hund zu. »Beinah hättest du mich unter den Zähnen gehabt. Du hast ehrlich gekämpft, und ich habe dich nur mit List besiegt.«

Als Crithir mit dem Wolfshund am Binsenband auf dem Waffenhof erschien, stand Sodelb mit Langdolch und Schwert im Kampfkreis und unterwies Fergal in der Kunst, ungedeckt von einem Schild dem Angriff eines Gegners zu begegnen. Als sie Crithir und den Hund sah, sprang sie aus dem Ring und sagte: »Geh mit ihm zu den Seelensteinen und warte dort!« Dann kehrte sie zurück in den Kreis, nahm von neuem Kampfhaltung ein und rief Fergal zu: »Los, es kann weitergehen!«

Erst am späten Nachmittag fand sie sich bei Crithir und seinem Hund ein.

Mehrfach waren im Lauf des Tages Regenschauer über die Insel weggezogen, und einmal war der Rote aufgestanden, hatte aus einer Pfütze Wasser aufgenommen und sich dann wieder zu Crithir gelegt. Der Junge hatte die ganze Zeit über den Wolfshund nicht aus den Augen gelassen. Sein Blick, sein Atem, das Zucken seiner Muskeln unter der Haut waren ihm unterdessen wie eine wortlose Sprache vertraut geworden.

Sodelb bemerkte er erst, als sie dicht vor ihm stand. Er bat sie um Wasser, aber sie wies nur auf die Pfütze, aus der der Rote geschleckt hatte, und Crithir bückte sich ohne Widerspruch und trank.

Die Waffenmeisterin nickte ihm zu und ging wieder, Crithir wartete weiter. Der Wind nahm an Kraft zu, saugte in den Ulmen und blies ihm die Haare um die Ohren. Von See her zog ein Gewitter auf, kalter Regen kam herab. Der Wolfshund setzte sich auf, heulte wehklagend, und aus den Gehöften antworteten seine Gefährten.

Beim aufgehenden Licht des Abendsterns kam Sodelb mit Fackeln und steckte die Brände in zwei Lochsteine. Crithir bemerkte, daß sie Geschmeide angelegt und sich mit einem weißen Gewand bekleidet hatte. »Ich rufe die Seherkraft«, erklärte sie ihm. »Du darfst nichts sagen oder fragen, bis ich es dir erlaube.« Dann setzte sie eine flache Bronzeschüssel vor dem Wildhund ab. »Nimm seinen Hals und strecke ihn darüber«, befahl sie.

Während er dem Tier die Schnauze festhielt, nahm Sodelb ein Feuersteinmesser und zog es unter der Kehle des Roten hindurch. Sein Körper sackte zusammen, Blut pulste und rann in die Schale. Crithir zitterte. Die Waffenmeisterin nahm das Gefäß und stellte es zu den Seelensteinen, murmelte in der Druidensprache, sprengte Blutkraft über den Boden, hob ihre Handflächen und sprach Beschwörungen.

»Jetzt bring das Tier«, wies sie den Jungen an, »leg es dort auf den Stein und tritt zurück!«

Crithir folgte und sah von der Seite, wie Sodelb dem Roten unter den Rippenbögen die Haut aufschnitt, Herz, Leber und Nieren entnahm, kaute und roh hinunterschluckte.

Als die Fackeln niedergebrannt waren und nur noch Sternenlicht die Nacht durchdrang, drehte sie sich nach dem Jungen um und winkte ihm, sie zu begleiten. Sie betraten das Gehöft, tauchten ihre Hände in den Waschbottich, und Sodelb ging voran zu ihrem Schlafhaus. Dort flackerte eine Öllampe, Schlafdecken lagen gebreitet, und ein Wasserkrug stand bereit. »Du wirst die Nacht hindurch bei mir wachen«, sagte Sodelb. »Ich lege mich hin, und du mußt aufpassen, daß mein Schlaf nicht gestört wird. Setze dich neben mich.« Damit streckte sie sich auf ihrem Lager aus, zog die Decken über sich, legte ihr Gesicht zwischen die Handflächen und schloß die Augen.

So lag sie die ganze Nacht, wie tot, die Hände an die Backen gepreßt. Erst im Morgengrauen wurde sie unruhig. Bald darauf öffnete sie die Augen. Ihr Blick war abwesend und starr, dann erkannte sie den Jungen, versuchte zu lächeln und sagte: »Geh zu Jaca, sie soll uns Honigmet bringen und Käse und etwas geräucherten Fisch. Wasch dich und iß dann mit mir.«

Crithir stand ohne Bemerkung auf, fand Jaca beim Butterstoßen und stieg in den Wasserbottich.

Als er zurückkam, hatte Sodelb sich umgezogen. Die Schlafmatten lagen zusammengerollt an der Hauswand, Bänke und Tisch waren aufgestellt, und ein Feuer brannte. Sie aßen schweigend.

Plötzlich sagte Sodelb: »Sieh mich an, Crithir!« Sie musterte ihn nachdenklich und meinte: »Du hast die drei Fehler Cuchulains: Du bist zu jung, zu schön und zu ungestüm. Ich denke noch an den Tag, als du zum ersten Mal auf den Waffenhof kamst. Weißt du noch, was du mich damals gefragt hast?«

Crithir verneinte. »Ich erinnere mich nicht, ich war ja noch ein Kind«, antwortete er.

»Vielleicht kommt es dir wieder«, sagte Sodelb. »Also, du wolltest wissen, wie lange du lernen und üben mußt, um ein Krieger zu werden. Ich sagte: ›Vier oder fünf Jahre, unter Umständen noch mehr!‹ Das war dir zu lang, viel zu lang, denn du warst damals schon ungeduldig. ›Und wenn ich schneller lerne als die anderen, wieviel Zeit brauche ich dann?‹ hast du mich ärgerlich gefragt. Meine Antwort war:

›Womöglich doppelt soviel!‹ Ich sehe noch deinen Blick! ›Und wenn ich unablässig übe, daß ich es früher schaffe?‹ hast du gerufen. ›Dann werden vielleicht zwanzig Jahre daraus‹, erwiderte ich. Da war es mit deiner Geduld zu Ende. Richtig angefaucht hast du mich, ich solle dir sagen, wieso es immer länger dauere, je mehr du dich anstrengen wollest. Erinnerst du dich jetzt?«

»Nur daß ich weggerannt bin«, sagte Crithir und grinste. »Ich wollte Uisliu bitten, mich den Barden und Liedermachern in die Schule zu geben. Ich hatte Wut auf dich! Aber ich bin wiedergekommen. Warum hast du es mir so schwer gemacht?«

»Ich merkte, wie ungestüm du bist«, sagte sie. »Doch ein Krieger muß abwarten können, sonst kann er nicht wachsam sein. Denkt er nur ans Ziel, achtet er nicht auf den Weg. Das ist die Lehre.«

»Warten mag ich nicht«, widersprach Crithir. »Um gelebt zu haben, reicht mir ein Tag, der mir Ehre und Nachruhm erwirbt!«

»Du redest wie Cuchulain, aber denke an sein schlimmes Ende! Weder der Freund noch sein Pferd konnten ihn vor seinen Feinden retten. Seine Tabus hatten ihm den Tod bestimmt«, warnte Sodelb. Dann sagte sie ohne Übergang: »Dein roter Hund hatte eine starke Seele, ich bin ihr ins Schattenland der Zukunft gefolgt. Du lebst gefährlich, Sohn Ruads. Hast du noch dein Amulett in dem Döschen am Hals?«

Crithir griff nach seinem Anhänger und nickte.

»Du hast mir das Medaillon irgendwann einmal gezeigt«, sagte sie. »Ich weiß noch gut, wie es aussieht. Es war überaus kunstvoll gearbeitet, wie ein Kleinod aus der Anderswelt.

Heute nacht habe ich es wiedergesehen.«

»Wo?« fragte Crithir. »Darfst du mir das sagen?«

Sodelb rückte näher zum Tisch, schob die Essensreste beiseite und stützte den Kopf auf ihre Arme. »Ich sah eine Hand vor mir und wußte, es war deine«, berichtete sie. »Und ich hatte das Gefühl, daß ich sie mit deinen Augen ansah. Auf deiner Handfläche ruhte das Medaillon. Ich erkannte es gleich und freute mich an seiner goldglitzernden Pracht. Dann geschah etwas Merkwürdiges. Plötzlich sah ich das Medaillon doppelt. Zumindest schien es mir so. Doch als ich genauer hinsah, bemerkte ich, daß jetzt zwei davon, ein Paarstück, auf deiner Hand lagen. Von vorn waren sie zum Verwechseln ähnlich, doch als du sie herumdrehtest, waren die Rückseiten verschieden. Ich konnte spüren, wie verzweifelt und traurig du warst. Die Sicht verschwamm mir vor Tränen, aber helfen konnte ich dir nicht.« Sodelb hatte mit gleichmäßiger, tonloser Stimme gesprochen und hielt jetzt nachdenklich inne.

Crithir bewegte sich unruhig. Er schwitzte unter den Achseln und leckte die trockenen Lippen. »Und was hat das alles zu bedeuten?« fragte er und kämpfte gegen ein Zittern beim Sprechen an.

»Ich kann es nicht mit Bestimmtheit sagen«, meinte Sodelb. »Vielleicht beides auf einmal, Gutes und Schlimmes.«

Der Junge wartete, worauf sie hinauswollte, aber Sodelb schwieg und verfolgte eine Biene, die um einen Tropfen Honigmet tänzelte. Dann sagte sie, ohne dabei aufzuschauen: »Also hüte dein Schutzzeichen, irgendwann wird dich seinetwegen der Tod verschonen.«

»Du redest in mehrdeutigen Worten«, sagte Crithir. »Verbirgst du mir nichts?«

»Nein«, sagte Sodelb. »Ich versuche mich zu erinnern, was weiter geschah. Denn ich hatte deine Hand aus den Augen verloren und stand auf einmal allein im Nebel. Ich wußte nicht, was ich hier sollte, aber dann hörte ich weit weg einen Hund bellen, und der Dunst teilte sich, und ein Mann kam auf mich zu. Er hatte dein Gesicht, deine Augen, den Mund wie du. Aber du warst es nicht. Denn sein Haar war über der Stirn bis auf die Höhe des Scheitels ausgeschnitten, ähnlich wie bei den Druiden. Aber ein Druide war der Mann auch nicht, denn sein Gewand war armselig, aus grober Wolle, ohne Stickmuster, Schmuck und Borte. Er winkte mir, und ich ging dicht hinter ihm her, um ihn nicht im Nebel zu verlieren. Unvermittelt ließ er mich stehen und verschwand hinter einem Felsen. Ich stand am Meer, ein Stück weiter bemerkte ich ein Lederboot zwischen den Klippen. Plötzlich sprang ein roter Hund den Strand entlang. Der Druidenmann tauchte wieder auf und ging mit dem Tier auf das Boot zu, Nebel wehte darüber, und ich sah sie nicht mehr.«

»Weiter«, drängte Crithir. »Rede doch! Der Mann hatte mein Gesicht? Und der Hund war wie der Rote, den ich dir gestern brachte? Hast du keine Worte, keine Stimmen gehört?«

Sodelb verneinte. »Es war das Ende meiner Reise«, sagte sie. »Und das Reich der Toten habe ich dabei nicht betreten. Du wirst also mit dem Leben davonkommen.«

»Und du hast kein Tabu für mich erfahren?« wollte Crithir wissen.

»O doch«, erwiderte Sodelb schnell. »Gleich am Anfang der Nacht. Steh im Kampf nicht hinter dem Rücken der anderen! Das ist dein Tabu. Achte darauf, denn du weißt, was es für Unheil bringt, wenn ein Krieger sein Tabu übertritt.«

»Mein Platz ist an der Spitze der Schwerter und nicht dahinter!« sagte Crithir verächtlich.

»Ich dachte mir, daß du nicht anders antworten würdest«, meinte Sodelb ernst. »Um so mehr sieh dich vor! Jedes Tabu hat seine Tücken.«

Die Waffenmeisterin sah plötzlich abgespannt aus, ihr Gesicht war voller Schatten. Sie lehnte sich zurück an die Bank und sah an ihm vorbei ins Feuer. Crithir wurde unruhig. Er hörte die anderen Jungen auf dem Hof Pferde ins Wagenjoch spannen und wäre gern zu ihnen nach draußen gegangen. Doch Sodelb sagte, als hätte sie in seinen Gedanken gelesen: »Bleib noch, vielleicht ist es das letztemal, daß wir beide zusammensitzen. Erzähle mir, wie du den Hund gefangen hast. Ich war neugierig, wie du es anstellen würdest, aber ich wußte, daß ich mich auf dich verlassen konnte.«

Crithir berichtete, und Sodelb unterbrach ihn nicht. Aber als der Junge ihr die frischen Schrammen auf seinem Arm zeigte, sagte sie: »Dein Hund war ein tapferer Kämpfer, und auch du hast dich wie ein Krieger verhalten. Du weißt, ein Krieger tut ohne Ungeduld eins nach dem anderen, ohne sich in Hitze bringen zu lassen. Den Hund zu fangen war meine Probe für dich, ob du gelernt hast, wie ein Krieger zu leben. Sonst hätte ich für dich nicht die Seherkraft befragt.«

Sie erhob sich und ging mit Crithir an die Tür. Jaca und Bebo trugen einen Waschzuber vorbei, redeten ausgelassen, schnitten einander Grimassen, verstummten aber, als sie ihre Herrin und den Jungen bemerkten, und gingen schneller. Crithir sah ihnen nach, und Sodelb sagte: »Für die letzten Nächte kannst du das Mädchen bei dir haben, wenn sie will.«

Crithir bekam ein rotes Gesicht und sagte nichts.

Sodelb lächelte. »Du brauchst nicht verlegen zu tun«, sagte

sie. »Jaca ist ein liebes Ding, und hübsch ist sie auch. Wäre sie die Tochter eines unsrer Adeligen, könnte sie deine Frau sein und ihr würdet Kinder zeugen.« Sie unterbrach sich, faßte Crithir am Arm und sagte: »Übrigens habe ich auch einen Wunsch an dich. Bevor du den Waffenhof verläßt, möchte ich noch einmal mit dir im Kampfring stehen. Wie ist es, magst du jetzt gleich? Ein Waffengang wird uns die Nachtgeister vertreiben!«

Als sie gegeneinander antraten, war es bereits heller Tag geworden. Ihre Buckelschilde dröhnten, die hammergehärteten Schwerter bissen in die Lederhaut der Schilde, und von ihren Waffen stoben rote Feuerfunken. Sie umschlichen einander, kamen sich mit Schlag und Gegenschlag zuvor, forderten sich mit lauten Zurufen heraus, ließen ihre Schwerter spielen und versuchten keuchend des anderen Deckung zu durchstoßen. Doch keiner konnte den Ring für sich behaupten.

»Genug, wir sind uns gleich!« rief Sodelb und verließ mit einem Satz den Kreis.

Crithir lachte ausgelassen und laut, schüttelte seinen Schild, tanzte, hieb um sich in den Wind, bis ihm der Atem in der Kehle brannte.

»Junge, du dampfst ja! Mach Schluß, Crithir, oder ich gieße dir einen Eimer Wasser über!« sagte die Waffenmeisterin.

»Da weiß ich etwas Besseres«, japste er, warf die Waffen von sich, riß Hemdkleid und Schenkeltuch ab, rannte zum Bottich und sprang ins kalte Wasser. Er schnappte nach Luft und pumpte auf und nieder, daß der Bottich überschäumte. Erschöpft ließ er Arme und Beine über den Rand baumeln und schnaufte: »Das hat gutgetan, aber jetzt kann ich nicht mehr!«

»Da kann ich wohl von Glück sagen, daß ich rechtzeitig aus dem Ring bin«, neckte ihn Sodelb. »Ich reite jetzt zur Schmiede, dann nach Dun Eochla zur Beratung. Wenn du aus dem Bottich bist, bring unsere Waffen in die Kammer. Du kannst dir unter meinen Waffen Lanze, Schwert und Schild aussuchen, damit du als Krieger, im Schutz der eigenen Waffen, die Heimfahrt nach Thomond antrittst.«

Mit einem Satz war Crithir aus dem Wasser, rannte über den Grasplatz zum Kampfring, packte die Waffen auf und trug sie zum Haus. Im Eingang drehte er sich um, sah Sodelb aufsitzen und rief ihr zu: »Danke! Und ich darf mir wirklich nehmen, was ich will?«

»Ja«, rief sie zurück, »es ist mein Abschiedsgeschenk für dich!« Dann klapste sie den Braunhengst auf die Hinterhand und trabte aus dem Tor.

Im Lauf des Mittags regnete es sich ein. Grünglasige Wolken trieben über die Insel, eine Regenwand nach der anderen fegte über die Ringmauer und schüttete auf die Dächer. Der Torfrauch fand keinen Auslaß und zog in dicken Schwaden um die rußigen Sparren der Halle. Crithir hatte sich mit seinen neuen Waffen neben Brion in den Eingang gesetzt. Er verrieb die letzten Tropfen Fischöl auf dem Schildleder und prüfte Armgurt und Griff. Dann hängte er den Schild in der Halle über seinem Schlafplatz an die Wand und nahm sich die dreischneidige Lanze vor.

Brion hatte das Fidchellbrett auf den Knien und spielte gegen sich selbst, wechselte die Lochsteine und fluchte erbärmlich, wenn er eine von seinen eigenen Figuren werfen mußte.

»Ich wollte, ich wäre an deiner Stelle«, beklagte er sich. »Du kommst nach Thomond, erlebst Abenteuer und Kämpfe, wohnst im Kriegerhaus, und ich hocke immer noch hier auf dem Waffenhof!«

Crithir beugte sich tiefer über die Speerspitze, spuckte auf den Schleifstein und schärfte die eisernen Schneiden.

»Kannst du dir vorstellen«, meinte Brion, »wie mir zumute ist, wenn ihr lossegelt, und ich stehe am Hundskopfende und sehe euch hinterher?«

»Doch, ja«, sagte Crithir. »Aber ich denke, für mich ist es anders.«

Brion hatte einen neuen Zug entdeckt und triumphierte. »Guck dir das an«, rief er. »Noch drei Sprünge und Weiß ist erledigt!« Dann bemerkte er Crithirs Gesicht, zog die Brauen hoch und erkundigte sich: »Du, was ist dir? Du machst nicht gerade den Eindruck, als ob du dich freust wegzukommen. Bist du nicht gespannt auf das Schiff, die Berge von Thomond und wie dich dein Vater empfängt?«

Crithir zögerte und sagte schließlich: »Es ist kein schönes Gefühl, wenn ich mir vorstelle, daß ich die Inseln bald nicht mehr sehe, dich nicht und unsere Hurlingmannschaft, und Darine muß auch hierbleiben.«

»Daran habe ich nicht gedacht«, meinte Brion. Er war von der mittleren Araninsel, Ziehsohn von Comgall, und für ihn war schon die Nordinsel weit weg von zu Hause. »Ich glaube, mir wäre auch nicht wohl dabei«, sagte er. »Wer weiß, wann du mal wieder einem Curragh ins Ruder faßt! Der Haussitz von deinem Vater liegt irgendwo mitten im Land, oder?«

»Auf einem Berg, über den Wäldern, an einer Steilschlucht«, bestätigte Crithir, hob das Speerblatt gegen den regnerischen Himmel und prüfte das Ergebnis seiner Arbeit.

Brion nahm sich sein Spiel wieder vor. »Ich weiß nicht, ein guter Zug war das wohl doch nicht«, brummte er nach einer

Weile. »Ich gebe auf. Es macht keinen Spaß, gegen sich selbst zu verlieren!«

Crithir stellte den Speer beiseite und faßte nach dem Schwert. Behutsam zog er die Klinge aus ihrer Hülle und legte die Waffe flach übers Knie. Das Schwert war von fremdländischem Aussehen, aber er hatte es wegen seines düsteren, herben Glanzes dann doch gewählt.

Ich kann kaum glauben, daß es mir gehört! dachte er ehrfürchtig. Was für Taten mochte es schon vollbracht haben? Und nun lag es in seiner Hand, um neuen Ruhm zu gewinnen. Crithir nahm ein Stück von dem kostbaren weißen Bimsstein, den die Flut manchmal aus unbekannten Meeren an Arans Küsten warf, und fuhr vorsichtig damit die Schneide entlang. Brion stellte sich hinter ihn und schaute ihm über die Schulter zu.

Sie sahen beide auf, als sie plötzlich Pferdehufe auf der Fahrstraße vernahmen. Es war Oengus, der quer über den Hof gleich aufs Haus zuhielt, vom Pferd rutschte, seinen Umhang löste und zu ihnen unters Dach rannte. Er schüttelte sich und warf seinen durchnäßten Mantel über eine Bank.

»Durch und durch naß bin ich geworden«, sagte er. »Es will überhaupt nicht aufhören zu regnen! Dich wollte ich sehen, Crithir. Ich hatte geglaubt, daß du nach Dun Eochla kämest, aber Sodelb meinte, ich fände dich hier.«

»Ist die Beratung denn schon zu Ende?« erkundigte sich Crithir. »Und was habt ihr beschlossen?«

»Was zu erwarten war«, berichtete Oengus. »Ungefähr dreißig Männer werden sich unter Waffen nach Thomond einschiffen. Mein Vater wird aus seinem eigenen Vermögen außerdem noch Pferdeleinen, Eisen- und Bronzebarren und Geschenke für Ruads Haus an Bord bringen lassen. Streitwagen sollen später mit einem anderen Schiff folgen, sobald der Schmied sie überprüft und nachgebessert hat.«

Oengus bückte sich und beguckte die Waffe auf Crithirs Knie. »Zeig mal, was ist das für ein Schwert?« sagte er neugierig. Er trat vor die Tür ans Licht und nahm die Waffe von allen Seiten in Augenschein. »Das ist bestimmt ein sehr altes Stück«, meinte er, wischte die Regentropfen von der Klinge und reichte Crithir das Schwert zurück. »Woher hast du es?«

»Von Sodelb«, antwortete Crithir. »Sie hat es mir geschenkt. Dazu die Lanze hier und den Schild drüben. Ab heute gehören mir die Waffen eines Kriegers!«

»Du wirst sie bald brauchen«, meinte Oengus. »Und dann wollte ich dir sagen, daß ich mit nach Thomond fahre!«

»Oh, Oengus, du kommst mit!« jubelte Crithir, sprang auf und drückte sich an den Freund. »Wirklich, du gehst mit aufs Schiff?«

»Bestimmt! Bei allen Eiden, die unser Volk schwört, ich bin dabei«, lachte Oengus. »Und wenn es nur darum wäre, daß dich und mich Blutsbrüderschaft bindet.«

»Und was meint dein Vater dazu?« fragte Brion. »Braucht er dich nicht auf den Inseln?«

»Wir haben in der Beratung darüber gesprochen«, antwortete ihm Oengus. »Uisliu hat selbst dafür gestimmt, daß ich Arans Aufgebot anführen soll. Versteht ihr, wir müssen uns Klarheit verschaffen, was in den Provinzen Erius geschieht. Schließlich sind wir nur ein kleines Volk, und viel Kriegserfahrung haben wir auf den Inseln auch nicht.«

Tags darauf trafen sie sich am Strand von Hundskopfende wieder. Leute von ganz Aran waren mit ihren Curraghs, auf Pferden, in ihren Wagen oder zu Fuß gekommen, um die

Krieger zu verabschieden. Aber die Ausfahrt verzögerte sich, weil Bran, der Steuermann, den gegenstehenden Wind meiden wollte, um sein Schiff mit den Männern nicht zu gefährden. Man vertrieb sich am Hundskopfende die Zeit mit Hurling und Wagensport, Federballspiel und Biergelagen.

Der nächste Morgen sandte günstigen Wind. Die Ladung wurde eingebracht, die Krieger Arans gingen an Bord. Crithir verabschiedete sich ein letztes Mal von seinem Pflegevater, von Sodelb und den Gefährten vom Waffenhof. Dann sangen die Druiden, Trompeten und Hörner klangen, und Bran legte ab.

Königsblut am Opferstein

Aran, die Höhe über den Wassern, verlor sich schnell in der Ferne. Zuletzt erkannte Crithir nur noch die beiden Bergrücken der Nordinsel, während die zwei kleineren Inseln im Dunst verschwanden. Rechter Hand voraus stieg jetzt das Bergland von Thomond, gekrönt von den Hängen des Slieve Elva, aus der See empor, und auf der anderen Seite der Bucht kamen die Gipfel von Connachta in Sicht. Noch vor Mittag hatte Bran das Vorgebirge umfahren und hielt, an der Küste entlangsteuernd, auf einen tief ins Land führenden Trichter zu. Zwischen winzigen Inselchen und felsigen Landzungen suchte das Schiff seinen Weg, und die navigationserfahrenen Männer Arans lobten Bran, den Steuermann Ruads.

Das Schiff wurde am Strand von Soldaten erwartet. »Das sind Larenes Söldner, die für Verleihung von Land und Lehen beim Bruder des Königs in Waffendienst stehen«, hatte Bran erklärt, als Crithir und Oengus nach den Männern fragten. »Ja, Söldner sind sie«, hatte er wiederholt und aus seiner Verachtung für Larenes Leute kein Hehl gemacht, die sich, statt um Ehre zu kämpfen, gegen Lohn verkauften. »Aber die Zeiten sind unruhig«, meinte er entschuldigend, »wir brauchen jeden Mann, der unsere Grenzen schützt.«

Die Krieger Arans wateten in einer langen Reihe durchs Wasser, Bran voran, der Larenes Söldner Ochsenkarren und Treiber aus den umliegenden Gehöften herbeischaffen ließ. »Der Weg zieht sich, bis wir die Festung erreichen«, gab er den Männern zu bedenken, die sich nicht von ihren Waffen trennen wollten. »Es wird Abend darüber werden, bis wir da sind!«

Als die Ochsenkarren endlich erschienen, setzte Regen ein,

der sie fast die ganze Wegstrecke begleitete und die Landschaft mit grauen Schleiern verhängte. Es bereitete Arans Kriegern Unbehagen, sich in einem fremden Land unbekannten Wegen anvertrauen zu müssen, und die Männer hielten die Hand am Schwertgriff.

Die Straße war zeitweise von Gestein verschüttet oder mit hohem Distelgestrüpp überwuchert, und reißendes Wasser, das den Marschierenden Astwerk und Gesträuch entgegenführte, machte das Fortkommen beschwerlich. Auch Oengus, der anfangs Bran nach Land und Leuten, Stämmen und Sippen ausgefragt hatte, war einsilbig geworden, stapfte schweigend Crithir hinterher und fluchte, wenn sie wieder einmal auf die schwerfälligen Ochsenkarren warten mußten.

Als aber der Regen aussetzte und Sonnenlicht die Bodennebel zerteilte, rief er plötzlich: »Crithir, horch mal, fällt dir nichts auf?«

Crithir stockte, hielt den Kopf schräg und lauschte. »Ich weiß nicht, was du meinst«, sagte er. »Was ist denn?«

Oengus lachte. »Auf den Arans hörst du die Brandung gar nicht mehr, weil sie immer da ist. Hier merkst du, wie leer die Ohren ohne sie sind. Es ist unheimlich still.«

Gegen Abend vertrieben Windstöße die letzten Wolken, und Crithir kletterte auf eine Klippe, deren Fuß die Straße umführte, und betrachtete die Landschaft, die sich von der Höhe aus zum ersten Mal vor ihm auftat. Das Meer lag weit hinter ihnen. Ringsum erhoben sich Berge und Hügel, die höher waren als alles, was er jemals gesehen hatte. Sie waren mit Wald und Heide bewachsen. In den Talgründen umschloß bebautes Feld verstreut siedelnde Gehöfte, und auf grasigen Kuppen weideten Kühe, Ziegen und Schafe.

Bran rief zu ihm hinauf: »Schau nach Süden, dort müßtest du

jenseits des Kamms schon den Königssitz sehen können!«
Aber Crithir guckte sich vergeblich die Augen nach der
Festung und ihren Wällen aus.

»Jedenfalls sind wir noch vor Einbruch der Dunkelheit da!«
sagte der Steuermann. »Ich werde meine Füße ans Feuer
strecken und nach Schweinefleisch und Bier rufen. Wenn nur
die Bauern dahinten ihren lahmen Ochsen den Stachel
zeigten!«

Die Rundfestung, von zwei Mauern bewehrt, stand, wie
Colman und Brandub es ihm beschrieben hatten, am Rand
einer Schlucht. Die Arankrieger holten ihre Schilde, Lanzen
und Speere von den Karren, und Crithir nahm seine Waffen
fest in die Hand. Eine steinbelegte Straße führte in die
Mauern, deren Tore wie bei Dun Eochla nach Osten zu
lagen.

Bran kam an Crithirs Seite, wies in das Menschengedränge,
auf die Männer, die ihre schaulustigen Frauen auf die Schilde
gehoben hatten, und sagte: »Man erwartet dich, Crithir!« Er
schob ein kleines Mädchen zur Seite, das ihnen über den Weg
lief, grüßte die Druiden am Straßenrand, Vertreter des Adels
und Hofes, und winkte Wagenlenkern auf ihren Sitzen zu.

Crithir schwindelte es vom Anblick der vielen Gesichter. Er
schaute sich nach Oengus um. Der hielt sich dicht hinter ihm,
grinste und rief: »Sieh nur, die vielen Kinder überall! Die
Herdgötter von Thomond haben euer Land mit Fruchtbar-
keit gesegnet!«

Ein vornehm gewandeter Mann kam ihnen, von Fackelträgern begleitet, am ersten Mauerdurchgang entgegen. »Der
Rechtaire, deines Vaters Hausverwalter«, flüsterte Bran ihm
zu.

»Willkommen ist euer Kommen, Edle von Aran, und Dank

erwartet dich, Bran, Sohn Illands«, rief der Hausverwalter ihnen zu und hob die Hände. »Die Götter mögen euch segnen!«

»Und dich mit deinem Haus«, erwiderte Bran. Er trat zurück und deutete auf den Jungen: »Das ist Crithir, der Sohn Ruads!«

»Gesundheit und langes Leben!« begrüßte ihn der Rechtaire, verneigte sich und hieß einen der Fackelträger, Crithir Schild und Lanze abzunehmen. »Der König läßt dich bitten, junger Herr«, sagte er. »Ich geleite dich zu ihm.«

Hörner tönten vom Wall, und Ruad, der Erste unter den Fürsten Thomonds, kam ihnen an der Spitze seines persönlichen Gefolges vom Eingang der Halle entgegen, ein mächtiger Mann voll Leibeskraft. Er hatte sein Diadem vor die Stirn gebunden, trug die Locken in Gold gewunden, ein ellenbreiter Bart stand ihm ums Kinn, und eine rote Tunika fiel über seine Schultern. Das war er also, der König der Corco Mruad, sein Vater, dachte Crithir und verbeugte sich wie alle anderen. »Mein Junge, mein Sohn!« sagte Ruad, legte ihm den Arm um den Nacken und küßte ihn dreimal. »Das ist ein guter Tag für mich!« Dann entdeckte er den Steuermann, zog Crithir zu sich und rief: »Bran, heute gebührt dir ein Ehrenplatz in meiner Halle. Ist Uisliu, der Fürst von Arans Inseln, wohlauf?«

»Oengus, sein Sohn, steht hier vor dir mit dem Schwertadel der Inseln«, erwiderte der Steuermann. »Er bringt dir die Grüße des Fürsten.«

»Der Sohn meines Freundes ist unserem Volk willkommen!« Der König nickte Oengus zu, breitete die Arme aus und sagte: »Ihr Männer von Aran, kommt, ehrt mein Haus, laßt euch zum Trunk und Mahle laden!«

Der König schritt ihnen voran in die Halle. Beim Herdfeuer blieb er stehen und sagte: »Laß dich anschauen, Junge.« Crithir fühlte, wie die grauen Augen ihn abschätzten. Ruad schnalzte mit der Zunge, faßte ihn unterm Kinn und hob sein Gesicht in die Höhe. »Das Aussehen hast du von der Mutter«, erklärte er. »Doch die Gestalt von mir. Du bist ein kräftiger Bursche, mein Sohn, und wirst eines Tages an Leibeskraft mir nicht nachstehen!« Dann winkte er Oengus herbei. »Ihr beide sollt heute neben mir sitzen! Du mußt von Uisliu berichten und mir von deiner Mutter erzählen, die ich in jüngeren Jahren gut kannte. Ich selbst bin inzwischen ohne Bettgefährtin. Es ist zu spät für mich, noch Söhne zu zeugen.« Er griff nach Crithirs Schulter. »Du, mein Junge, bist alles, was mir geblieben ist!«

Die Liegestätten im Saal waren frisch mit Binsen gepolstert und mit neuen Decken bezogen. Man lagerte sich, Diener und Sklaven schleppten beladene Tische herbei, Schenken schöpften Bier aus den Fässern, und die Hausmägde des Königs brachten den Gästen Wein, das kostbarste Handelsgut der fremdländischen Kaufleute, die in Erius Häfen um Gold und Zinn anlegten.

Ruad bewirtete die vielhundertköpfige Schar mit allem, was Küche und Keller hergaben. Crithir und seinem Freund ließ er die saftigsten Stücke Schweinebraten vorlegen, vom schwartigen Rücken, dem Hals und der Keule, füllte ihnen eigenhändig die aus schwarzem Sumpfholz geschnitzten, goldgehenkelten Becher mit Wein nach. Er erkundigte sich nach dem Herdenbestand der Inseln und der Apfelbaumblüte und pries Arans Götter, die reichen Fischernten seiner Küste, die Unerschrockenheit der Männer Uislius.

Sie hoben die Hände und tranken einander immer aufs neue

zu. Die mit buntem Wollgewebe behangenen Wände der Halle begannen vor Crithirs Augen zu verschwimmen, die gebälktragenden Säulen schwankten. Er war den Wein nicht gewohnt, der ihm so wohlig Kopf und Glieder erwärmte.

Der Rechtaire stellte ihn den Herren und Edelfrauen vor, Crithir lachte viel, sang lauthals die Lieder der Dudelsackspieler mit und würfelte mit den Kriegern um goldenen Kampfschmuck, Gewänder und Waffen, die ihnen auf dem Schlachtfeld als Beute zufallen würden. Als die Sklaven nach Mitternacht die Tische hinaustrugen und die Bettpolster ausrollten, legte er sich glücklich in den Armen von Oengus schlafen. »Was für einen festlichen Empfang hat uns der König bereitet!« flüsterte er dem Freund zu.

»Ja«, sagte Oengus, »dein Vater ist ein großer Mann.«

Am nächsten Vormittag durchstöberten beide die Festung, schritten die Außenwälle ab und umrundeten den inneren Mauernzug, bis sie wieder das östliche Tor erreichten. Oengus hatte seine Augen überall. »Das ist ein sicherer Zufluchtsort«, sagte er anerkennend. »Ich schätze, der Mauerfuß ist mindestens zwanzig Fuß stark.«

Crithir maß die Weite nach und rief: »Eher noch mehr! Laß uns auf die Brustwehr gehen!«

Sie stiegen eine breite Holztreppe empor und zählten achtzehn Stufen, bis sie auf dem oberen Wehrgang standen. Sie wichen zwei Wachen aus, die ihre Runde machten, hielten Umschau und sahen in die Landschaft hinaus. Die Sicht war klar, und Oengus zeigte auf drei Streitwagen und einen Trupp Reiter, die sich der Festung näherten.

»Von hier aus kann man das ganze Vorfeld kontrollieren«, meinte er. »Für einen plötzlichen Überfall reicht einem Angreifer die Zeit nicht. Wenn er an der ersten Mauer steht,

46

sind die Verteidiger längst bei den Waffen. Komm, wir besehen uns den Mauergang bei der Schlucht.«

Sie kamen noch einmal bei den Wachen vorbei, und Oengus wies hinüber ins westliche Bergland.

»In dieser Richtung liegt Aran«, sagte er. »Wären nicht die Berge dazwischen, sähen wir bis ans Meer.«

»Du hattest Bedenken wegen der Sicherheit von Dun Eochla«, erinnerte sich Crithir. »Und wie ist das mit dieser Festung hier? Ich sehe keinen großen Unterschied.«

»Doch!« widersprach Oengus. »Da ist die Lage gleich am Steilhang. Das spart die Verteidigung eines ganzen Mauerabschnitts. Verstehst du, was das bei einem Angriff bedeutet?«

»Und was weiter?« fragte Crithir.

»Sonst nichts«, antwortete Crithir. »Die Anlage ist so, wie sie steht, in Ordnung. Aber für Aran wäre sie zu klein.«

»Zu klein?« fragte Crithir. »Guck mal die Außenmauer da unten. Man braucht mindestens hundertzwanzig Schritt, um sie zu durchmessen!«

»Das genügt nicht für uns«, beharrte Oengus. »Du vergißt unsere Insellage. Stell dir vor, jemand bringt Hunderte von Kriegern an Land! Dann haben wir auf Aran nur zwei Möglichkeiten: entweder den Feind zu stellen und zu schlagen, oder wir müssen uns hinhaltend verteidigen können. Denn siehst du, hinter uns ist nur noch das Meer, das macht den Unterschied. Hier können sich die Leute ins Hinterland flüchten, wieder sammeln und erneut zuschlagen. Das geht bei uns nicht. Das versuche ich Sodelb klarzumachen, verstehst du?«

Crithir nickte. »Ich habe noch nie darüber nachgedacht«, sagte er. »Aber wenn ich dir zuhöre, leuchtet es mir ein. Und siehst du eine Lösung?«

»Noch nicht«, sagte Oengus. »Aber ich denke darüber nach.«
Sie hörten die Reiter und Räder auf der gepflasterten Straße und liefen auf die andere Seite.

»Kennt ihr die Leute?« fragte Crithir die beiden Wachen.

»Larene ist das, der Bruder des Königs«, gab der eine Auskunft und drückte seinen Helm in die Stirn.

»Er war gestern nicht in der Halle«, sagte Oengus. »Wo kommt er jetzt her?«

»Von den Deisi, im Auftrag des Königs«, erklärte der Mann. Oengus und Crithir sahen sich verwundert an, stiegen hinab in den Hof. Als sie aber nach Larene fragten, hieß es, der Fürst sei gleich zum König ins Haus geeilt.

»Ich möchte wissen, was mein Onkel bei den Deisi macht! Sie haben meine Brüder erschlagen, und dann schickt Ruad Boten nach Muma!« sagte Crithir. »Ob man uns dazukommen läßt? Ich möchte hören, was Larene berichtet.«

»Ich würde warten, bis der König uns ruft«, entgegnete Oengus. »So würde ich es bei meinem Vater tun.«

»Dann laß uns in den Waffenhof gehen«, schlug Crithir vor. »Vielleicht gibt uns jemand einen Wagen!«

Sie trafen den Waffenmeister auf dem Anschirrplatz, einen bulligen, heiteren Mann, der sie strahlend begrüßte. »Junger Herr«, rief er, »kommst du vielleicht deine Wette erhöhen? Ich halte mit!«

»Was für eine Wette?« erkundigte sich Crithir verdutzt.

»Das darf nicht sein!« sagte der Waffenmeister enttäuscht. »Ich habe aber dein Wort und außerdem Zeugen.«

»Aber ich weiß wirklich nicht, was du meinst!« Crithir lachte. »Ich habe mit dir gewettet? Gestern abend? Um was denn?«

»Das ist der schwere Wein des Königs«, sagte der Mann und schmatzte die Lippen. »Wenn du das Blut der Trauben nicht gewohnt bist, hast du morgens einen schweren Kopf. Also, es ging um einen Goldreif, von der Dicke meines kleinen Fingers. Für den von uns beiden, der vorn am Tor als erster einen Deisikopf aufpflanzt. Erinnerst du dich jetzt?«

»Nein, überhaupt nicht«, sagte Crithir. »Aber der Einsatz gilt!«

»Dann bin ich beruhigt«, schmunzelte der Mann. »Und was gibt es jetzt? Wollt ihr etwas von mir? Vielleicht einen Wagen?«

»So ist es«, bestätigte Oengus. »Kannst du Gedanken lesen?«

»Ach was«, antwortete der Mann. »Aber was haben junge Herren sonst im Sinn? Also, ihr könnt diesen da haben. Ein leichtes, schnelles Ding, der Schmied hat gerade die Achslager ausgebessert. Probiert ihn aus, sagt Bescheid, ob die Räder wieder laufen!«

Sie losten, wer zuerst die Zügel nahm. Oengus gewann und fuhr an. Crithir stand neben ihm und hielt sich am Griffholz. »Die Straßen sind gut!« rief Oengus nach einer Weile. »Die Leute halten sie von Buschwerk frei und bessern die Wasserschäden aus. Das ist nicht mit dem Weg zu vergleichen, den wir gekommen sind!«

Die Räder rumpelten über Knüppeldämme im Sumpfland, Ochsenkarren wichen ihnen aus, sie rollten an Rundgehöften unter Ahorn und Ebereschen vorbei und erkundeten ihre neue Umgebung. An einem kleinen See spannten sie die Pferde vom Joch, schwammen, spielten miteinander und tauchten. »Ich sehe nicht den kleinsten Fisch!« prustete Oengus, als er wieder an die Oberfläche kam. »Schade, wir hätten einen Hecht oder ein paar Rotaugen braten können!«

»Das ist bloß ein Sickersee, deswegen hält sich kein Fisch darin«, rief Crithir ihm zu. »Guck am Ufersaum, wie weit der

Spiegel schon gefallen ist. Unter den Bergen von Thomond laufen Höhlen mit Bächen, dahin fließt das Seewasser ab.«

»Woher weißt du das mit den Höhlen?« wollte Oengus wissen. Er kletterte an Land und untersuchte den Uferstreifen.

»Brandub, mein Bruder, hat es gesagt«, erklärte Crithir. »Er ist früher mit anderen Jungen in ein Bergloch gestiegen, sie hatten Fackeln dabei, landeten in einem Gang und stießen da unter Tag auf einen reißenden Fluß. Brandub wollte den Berg noch weiter erkunden, aber ihre Fackeln erloschen plötzlich, und sie fanden kaum zurück.«

»Das ist ein merkwürdiges Land, wo das Wasser statt auf der Erde in ihrem Bauch fließt«, meinte Oengus.

Crithir fuhr in weitem Bogen zum Königssitz heim. Hier und dort stießen sie unterwegs auf Hügel der Großen Mutter Ana, die Tore zur Anderswelt. Er versuchte sich die Gänge unter den Bergen vorzustellen, die zu den westlichen Inseln jenseits des Meeres führen mußten, nach Tirnanog, an die glücklichen Ufer der Farben und Feen, wohin der Tod die schwertwunden Helden entrückt. Er begann zu singen, hielt die Pferde im Zügel und träumte, mit Oengus über die Ebenen des jenseitigen Landes zu fliegen. Er rief die Namen von Cuchulain, dem Heldenkönig Conchubar, und sang, bis sie die Tore der Ringfestung des Königs erreichten.

Sie trafen Ruad in der Waffenkammer. »Wo steckst du nur die ganze Zeit?« fragte der König, und Crithir merkte, daß er sich Mühe gab, seinen Ärger nicht offen zu zeigen.

»Wir haben uns die Umgebung angesehen«, erklärte Oengus. »Der Waffenmeister hat uns Pferde und Wagen geliehen.«

»Setzt euch hierher«, sagte Ruad und zeigte auf eine Wandbank. Er stellte sich vor sie und sagte: »Ich muß mich mit dir besprechen, Junge, und es ist gut, wenn dein Freund auch dabei ist. Larene, dein Onkel, ist heute zurückgekehrt. Er hat die Deisi im Süden von Muma aufgefordert, sich in Thomond zum offenen Kampf zu stellen. Wollen sie Schwertland haben, sollen sie es erobern! Die Deisi sind einverstanden, sie fühlen sich stark, weil es ihnen gelungen ist, die Corco Baiscind an unserer Südgrenze als Verbündete zu gewinnen. Dein Onkel berichtet, daß die Deisi so gut wie marschfertig unter Waffen stehen.«

Ruad hakte die Daumen in den Gürtel, ging in der Kammer auf und ab und wandte sich wieder an Crithir. »In zwei bis drei Neuntagewochen müssen wir mit ihnen rechnen. Semuine, der deine Brüder erschlug, wird mit bei ihrem Aufgebot sein, und du wirst zum erstenmal um Ehre und Leben kämpfen. Hast du deine Tabus schon erfahren?«

»Ja«, sagte Crithir und konnte vor Erregung kaum sprechen. »Sodelb hat für mich die Seherkraft gerufen.«

»Dann bin ich beruhigt.« Ruad lächelte ihm zu. »Wer in Sodelbs Schule war, hat seine Waffen verdient. Ich sehe, ein Schwert trägst du bereits. Zeig es her!«

Crithir löste die Waffen vom Gürtel und reichte sie dem König. Der zog die Klinge, betrachtete sie, warf Crithir einen kurzen Blick zu und legte ihm das Schwert zurück in die Hand. »Ich habe es gleich wiedererkannt«, sagte er. »Sodelb hat es mir früher einmal gezeigt. Man sagt, es stammt aus dem Nordland, wo Eisen vom Himmel fällt. Ich werde Sodelb durch Bran danken. Deine Waffenmeisterin muß viel von dir halten, daß sie dir eine so kostbare Waffe anvertraut! Und was ist mit Schild, Speer und Lanzen? Du kannst dir von mir nehmen, was du willst.«

»Ich habe alles«, sagte Crithir. »Wenn du mir nur Wagen und Pferde gibst.«

»Ich werde dir den Streitwagen aussuchen«, sagte Ruad. »Nach Pferden schau selbst in der Koppel. Die beiden Rotfüchse sind mein Gespann, die anderen stehen dir frei. Das gilt ebenso für dich«, erklärte er Oengus. »Und auch deinen Wagen stelle ich.«

»Danke, Herr«, sagte Oengus und verbeugte sich.

»Noch eins«, fuhr der König fort, »ich möchte, daß ihr beide bei Larene, meinem Bruder seid, bis ich euch rufe. Südöstlich, geradewegs wie der Kuckuck fliegt, liegt sein Gehöft. Ihr sichert mit Larenes Leuten die Grenze nach Connachta, und unterdessen werde ich die Krieger von Thomond versammeln.«

»Und wo finde ich meinen Onkel?« fragte Crithir.

»Ich denke, Larene wird heute abend bei uns in der Halle liegen«, meinte Ruad. »Macht euch mit ihm bekannt, lernt seine Gefolgsleute kennen. Larene ist ein wichtiger Mann unter den Fürsten der Corco Mruad, im Rat wie auch im Kampf bewährt. Aber der beste Rückendecker eines Königs ist der eigene Sohn«, fügte er hinzu und strich dem Jungen übers Haar. »Ich bin froh, daß du da bist!«

Larene war ein offener, umgänglicher Mann. Crithir und Oengus waren in seiner Begleitung am nächsten Tag aufgebrochen, gleich mit ihren neuen Gespannen und Wagen. »Der König tut gut daran, euch zu schicken«, hatte Larene zugestimmt. »Ihr könnt das Land kennenlernen und auf der Jagd eure Waffengeschicklichkeit üben. Ein wütender Eber ist kein geringerer Gegner als ein bewaffneter Feind!«

Großwild gab es auf den Arans nicht. Crithir und Oengus

hatten Robben geschlagen, Graugänse und Brandenten mit der Schleuder geschossen, auch einen Hai harpuniert, und als Jungen hatten sie mit ihren Hunden Kaninchen nachgestöbert. In Thomonds Wäldern dagegen lebten Wildschweine und Rothirsche, in den Schluchten hausten Füchse, und die Schafhirten auf den Bergen hatten sich oft ganzer Rudel von Wölfen zu erwehren. Die Hetzjagd an Abgründen vorbei, die Hänge hinunter und an brausenden Bächen entlang ließ Crithir und Oengus vor Jagdleidenschaft fiebern. Larene hatte innerhalb von drei Tagen mehrere Wildschweine, eine Hirschkuh und zwei Füchse erlegt. Die Freunde brachten zwei Wolfsrüden zur Strecke.

Abends saßen sie in Larenes Halle und tauschten ihre Jagderfahrungen aus, oder sie lagen mit den Söldnern beim Feuer und tranken und spielten bis in die Nächte. Oengus wollte wissen, warum Larene den Geweihhirsch nicht bejagte, denn er hatte bemerkt, daß Crithirs Onkel selbst in Wurfweite seines Speeres den Hirschen auswich und ihr Leben schonte. Larene erklärte ihm, der Hirsch sei das Seelentier der Corco Mruad, seit undenklichen Zeiten den Stämmen des Landes heilig. »Unsere Druiden halten sie im Waldheiligtum beim Königssitz«, erzählte er. »Sie sind Donn, dem Herrn des Todestals, geweiht.«

Larene lud sie ein, im Herbst zwischen Lugs Fest und Samain seine Gäste zu sein, um die Hirschbrunft zu erleben.

»Dann bin ich längst zurück auf den Arans!« lachte Oengus. Crithir schwieg. Er konnte sich nicht vorstellen, wie das Leben für ihn weitergehen sollte, wenn der Freund von ihm scheiden würde.

Die jungen Männer konnten Crithirs Onkel zuhören, ohne zu ermüden. Larene war ein kundiger Mann, der weit herumgekommen war. Er rühmte die Gastlichkeit der Fürsten von Tara, an deren Tischen er gelegen hatte, schilderte Oengus und Crithir die Wagenrennen auf den Ebenen Ulads, die schiffreichen Häfen im Süden des Landes. Im Lauf der Jahre hatte Larene alle fünf Provinzen bereist, und die Freunde waren beeindruckt, wie scharfsinnig und beredt Larene Land und Leute Erius zu schildern verstand.

»Die Gälen Erius sprechen überall die gleiche Sprache und verehren dieselben Götter. Wir sind viele Stämme, aber eine einzige Nation, und könnten jenseits der Meere Schwertländer erobern, doch statt dessen bekriegen wir uns selbst«, bemerkte er bitter. »Überlegt nur, Eriu ist ringsum mit hafenreichen Küsten umgeben, und täglich laufen bei uns Handelsschiffe fremder Nationen ein. Aber an unseren Königssitzen kennt man nicht einmal die Sprachen und Namen der anderen Völker und Länder. Wachsen in unseren Ländern keine Eichen, daß auch wir seetüchtige Handels- und Kriegsschiffe bauen könnten? Mangelt es uns an navigationserfahrenen Leuten und furchtlosen Soldaten, sie zu bemannen? Nein, ich sage euch, was uns fehlt: Jemand, der die Gälen zu einem seetüchtigen Volk macht!«

Larene träumte von einem Hochkönig, der die Provinzen Erius mit starker Hand regierte, Städtebauer ins Land rief, Münzen schlagen ließ und Geldverkehr einführte, der die Schrift- und Rechenkunst förderte und die Stämme unter staatlichem Recht vereinigte. »Wir sind zwar eine Nation«, wiederholte er, »aber eine Macht, die ihr Gewicht in die Waagschale der Völker legt, sind wir erst, wenn die Götter uns einen Herrscher schenken, der unserer Nation einen Namen macht!«

Bei einer Grenzlandstreife holte sich Crithir seinen ersten

Siegeskopf. Er war mit Oengus und Larenes Männern einer Hirschkuh gefolgt, als sie jenseits des Waldes auf die rauchenden Überreste von mehreren Gehöften trafen. Verstört starrte Crithir auf die Trümmer. Raben segelten lautlos über die stumme Landschaft, Männer und Frauen lagen erschlagen in den Gräben, das Vieh war fortgetrieben.

»Die Connachta!« brüllte Doilin, der Anführer von Larenes Leuten. »Durchkämmt die Siedlung!«

Crithir saß ab, zog sein Schwert, stürmte querfeldein von Haus zu Haus. Er riß lodernde Scheite aus den Flammen, leuchtete in aufgebrochene und geplünderte Keller, rutschte durch Milch und zertretenen Quark, durchsuchte Stallungen und Hühnerhäuser. Nirgends war ein Zeichen von irgendwelchen Überlebenden zu entdecken.

Zwischen den Erdwällen des nächsten Gehöfts traf er Oengus. »Schau dir das an«, sagte Oengus böse und deutete mit einer Kopfbewegung auf die blutbeschmierte Hauswand. »Nicht einmal die Kinder haben sie verschont.«

Crithir biß die Zähne zusammen. »Was wollen wir hier noch? Wir vertun bloß unsere Zeit«, drängte er.

»Pst«, flüsterte Oengus und hielt die Hand hinters Ohr. »Da drüben, hörst du?«

Crithir nickte. Sie schlichen mit gezückten Waffen auf einen Torfstapel zu, aus dessem Inneren unterdrückte Laute drangen. Mit einem Ruck schleuderte Oengus die vordersten Stücke beiseite. Zwischen den Torfmauern kauerten zwei Frauen mit ihren Kindern. Sie schrien laut auf, als sie die Bewaffneten erblickten. Oengus trat zurück und faßte nach Crithirs Arm. »Laß sie«, sagte er. »Sie sind halbtot vor Angst und können uns nichts berichten.«

Vom Rand der Siedlung klangen Befehle. Doilin rief seine

Leute zusammen. »Wir haben die Spur! Hier entlang sind sie mit dem Vieh. Haltet die Waffen fertig.«

Die Freunde rannten, fanden ihre Pferde, sprangen auf und galoppierten Doilin hinterher. Bei der nächsten Furt hatten sie die Viehdiebe eingeholt. Es waren Jungadelige aus Connachta, die sich ohne Zögern zum Kampf stellten. Das Gefecht löste sich schnell in Einzelkämpfe auf. Crithir geriet an einen Mann, der, gedeckt von seinem Rundschild, eine langgeschäftete Streitaxt schwang. Crithir ließ seinen Gegner kommen, stieß ihn zurück und hielt ihn hin, bis er die Kampfweise des anderen kannte. Auf dem Waffenhof war die Axt eine gefürchtete Waffe, und Crithir hatte, angeleitet von Sodelb, lange lernen müssen, ihr mit dem Schwert standzuhalten. Der Connachta-Mann verstand sich jedoch nicht darauf, den Vorteil seiner weitreichenden Waffe zu nutzen. Verwirrt von Crithirs Reaktionen schlug er immer erregter um sich, daß ihm der Schweiß in dünnen Rinnsalen über die Augen in die Mundwinkel lief. Dann hatte Crithir die Blöße des anderen gefunden und hieb dem Connachta-Mann durch den Hals ins Herz.

Fünf kopflose Leichen ließen sie den Wölfen. Einen schwertwunden Mann von Larenes Söldnern, der seinen Schildarm verloren hatte, banden sie aufs Pferd, sammelten das geraubte Vieh und trieben die Herde in Larenes Gehöft. Sie hatten es den Connachtas heimgezahlt, sich die Köpfe ihrer Feinde geholt. Doch als Crithir den Kopf seines Gegners neben den anderen aufpflanzte, spürte er kein Triumphgefühl. Es war alles zu schnell gegangen, auf Sodelbs Waffenhof hatte er seine Siege härter erkämpfen müssen. Aber er hatte zum erstenmal die Kraft des Nordlandschwertes erfahren. Es war eine mörderische Waffe. Im Kampf von Mann gegen

Mann hatte er seinem Gegner die Todeswunde versetzt und war damit endgültig ein Krieger geworden.

In der Woche darauf stürmten Eilboten des Königs auf den Hof und beorderten Larene und sein Gefolge zur Sammelstelle des Heeres. Die Deisi seien im Anmarsch! Larene zeigte keine Überraschung. Seine eigenen Kundschafter hatten ihn bereits seit Tagen über die Bewegungen des feindlichen Heeres unterrichtet. Crithir und Oengus drängten zum Aufbruch, aber Larene sagte: »Je weniger wir uns eilen, desto schlechter für die Deisi. Sie sollten ruhig in unser Stammesgebiet eindringen, dann bestimmen wir Zeit und Ort der Schlacht!«

Bis sie zu den Truppen des Königs stießen, rollten schon die ersten Vorausabteilungen der Streitwagen nach Süden. Die Umgebung der Königsfestung hatte sich in ein Heerlager verwandelt. Feuerrauch verdunkelte den Himmel, zwischen den Zelten saßen die Krieger, schärften ihre Waffen und färbten ihre Schilde mit weißem Kalk ein. Jungen striegelten Pferde, die Frauen hatten Kochgruben ausgehoben, in denen Fleisch dünstete, Karrenräder rumpelten, Hörner ließen Kampflieder erschallen. Larene und die beiden Freunde fanden den König auf dem Wagenplatz bei den Druiden. Ruad bedeutete seinem Bruder und Oengus zu warten und winkte Crithir an seine Seite.

»Ich habe keine Geheimnisse vor ihm, er ist mein Sohn«, erklärte er den Druiden. »Sagt es ihm.«

Die Priester sahen sich an, berieten sich untereinander und teilten dem Jungen dann mit: »Am Opferstein der Könige Thomonds saßen Raben und tranken Blut.«

Crithir sah seinen Vater entsetzt an. »Herr«, sagte er, »Ihr müßt auf die Stimme der Götter hören!«

»Aber was sagen sie?« erwiderte Ruad. »Ist es das ungerächte Blut deiner Brüder, das die Raben mahnen? Oder mein Blut, oder deins? Sollen wir warten, ob sich die Vorzeichen ändern? Das sind viele Fragen, Sohn. Und eine Antwort haben die Priester auch keine.« Er wandte sich an den Druiden, der neben ihm stand. »Ruman, du hast mehr als zwei Jahrzehnte mit mir am Tisch gesessen, und du weißt, ich habe deinem Rat oft vertraut. Was soll ich tun?«

Rumans Antwort kam zögernd. »Mein König, wenn ich es nur wüßte«, meinte er schließlich. »Wir könnten die Wahrsager hinzuziehen, doch ich fürchte, auch sie werden nicht helfen. Das Zeichen ist unklar, weil noch offen ist, was geschieht und werden soll.«

»Dann entscheide ich«, verkündete Ruad. »Die Raben der Göttin sollen nicht vergeblich nach Blut dürsten. Morgen brechen wir auf!«

Ruad entließ die Druiden und befahl Crithir: »Sage Larene und Oengus, sie sollen mir in die Halle folgen. Wir müssen die Ordnung für den Abmarsch festlegen. Und in den nächsten Tagen bleibst du an meiner Seite. Du bist jung, noch ohne Schlachterfahrung, und ich will nicht, daß du das Los deiner Brüder teilst.«

Am folgenden Nachmittag bekamen sie das Aufgebot der Deisi zu Gesicht. Ihre Zelte standen am Rand einer Ebene, die eine Hügelkette nach Norden zu begrenzte. Ruad ritt mit Larene und Crithir das Gelände ab.

»Sie sind in der Überzahl«, rief Ruad böse. »Die Corco Baiscind müssen ihnen einen ganzen Heerhaufen zugeschickt haben.«

Larene lachte. »Wir haben nichts zu fürchten«, erklärte er zuversichtlich. »Das Gelände erlaubt den Deisi nicht viel

Bewegung. Links von uns ist Sumpf, rechts sind die Hügel. Das Treffen wird im Kampf von Mann gegen Mann entschieden, und da sind wir ihnen überlegen, denn wir fechten auf eigenem Boden!«

Crithir blickte zum König hinüber. Der hatte seinen Schnauzbart in den Mund gezogen und starrte auf das feindliche Lager. Als er sein Pferd wandte, stand in seinem Gesicht eine finstere Entschlossenheit, die Crithirs Blut stocken ließ.

Bei ihrer Rückkehr ins Lager fanden sie die Zelte aufgestellt und Wachen postiert. Crithir suchte zwischen den Männern nach Oengus. Ein Spruchweib reckte hoch von einem Ochsenkarren ihre Fäuste gegen die Feinde der Corco Mruad und verfluchte deren Zelte. Die Gesichtsfurchen der Frau waren schwarz vor Dreck, und ihre Zähne stachen lang und gelb aus weißblauen Lippen hervor. Zwei Schmähdichter kletterten zu ihr und sangen Hohnlieder. Die Krieger lachten, rasselten mit ihren Schilden, stimmten Kampflieder an. Endlich fand Crithir den Freund. Oengus stand mit seinen Männern im Bach und wusch sich zur Vorbereitung auf den morgigen Waffengang Staub und Schmutz vom Leib und schmückte sich festlich. Sie umarmten sich.

»Denkst du auch an unseren Schwur?« fragte Oengus.

»Ja«, antwortete Crithir ernst, »noch vor Abend soll dein Blut Frieden finden. Und wenn wir fallen, sollen viele Deisi mit uns fallen!«

Im Morgengrauen nahmen die Heere im Abstand mehrerer Speerwurflängen voneinander Aufstellung. Die Krieger trampelten, schlugen mit den Schwertknäufen auf die Buckelschilde, drohten der Gegenseite mit Keulen und Lanzen. Schleudersteine hagelten und lautes Geschrei erfüllte die Ebene, bis die Hörner der Druiden Ruhe geboten. Die

Priester der verfeindeten Stämme lenkten ihre Wagen zwischen die Linien, wechselten Friedenszweige und boten den Parteien ihre Vermittlungs- und Versöhnungsdienste an. Finn, Crithirs Wagenlenker, zog die Nase kraus und spuckte verächtlich aus. »Meine Hände sind mir zu schade, sie einem dieser Deisi zu reichen!« knurrte er.

Die Könige hoben ihre Schwerter, Hörner ließen das Kampflied erschallen, und augenblicklich brachen beide Heere in Kriegsgeschrei aus. Die Druiden fuhren aus der Mitte, von neuem begannen Steine zu fliegen, knallten gegen Schilde, trafen Pferde, die sich im Joch bäumten und ausbrachen. Ein unbemannter blutbesprengter Wagen der Deisi raste auf die Corco Mruad zu, die ihn grölend empfingen und ohrenbetäubend in die Höhlung ihrer Schilde schrien.

Wie auf ein gemeinsames Zeichen setzten sich die beiden vordersten Streitwagenreihen in Bewegung und rasselten gegeneinander. Ruads Rotfüchse beschleunigten, und Crithir brüllte: »Bleib nicht zurück, Finn!« Da war auch schon der erste Wagen der Deisi zwischen ihnen hindurch. Finn drehte, und Crithir schleuderte seine Lanze und traf den gegnerischen Wagenlenker durch die Zügelhand in die Brust. Der Mann sackte zusammen, seine Pferde rissen vom Geschirr, die Räder kippten, und der Wagenkämpfer sprang ab. Crithir kam ihm zu Fuß mit dem Schwert entgegen, sie wechselten Stöße und Schläge, bis Crithirs Nordlandschwert den Deisischild zerhieb und seine Klinge dem wankenden Gegner Todeswunden zufügte.

Crithir schaute sich hastig um. Das Gefährt des Königs wurde von zwei Wagen der Deisi bedrängt; die Gestalt des Königs konnte Crithir nicht entdecken. Finn steuerte ihr Gespann in einer harten Schleife auf Ruad zu. Während es an dem gegnerischen Wagen vorbeipreschte, rannte Crithir mit schneidenscharfem Schwert übers Deichselholz in die Deisi hinein. Jetzt sah er den König. Ruads Axt hackte, Wunden barsten, Blut quoll. Crithir stieß einen schrillen Siegesruf aus, schwang sich zurück in sein Gefährt, und Finn hob wieder die Zügelleinen.

Unterdessen waren Berittene und Fußkämpfer zwischen den Wagenreihen auf die Deisi zugestürmt. Der weiße Kalk stob von den Schilden, das Aufeinanderkrachen ihrer Buckel dröhnte durch die Luft, und die Schmerzensrufe der Verwundeten, das Schnauben der Pferde, die prasselnden Wurfgeschosse, der Schwertlärm am Schildrand wurden zu einem durchdringenden Schrei, dessen Echo in den Hügeln widerhallte. Morrigan, die Kampffurie Erius, ritt über das Schlachtfeld, Klingen barsten, Spitzen brachen, Freunde sahen das Blut ihrer Gefährten rinnen, und Morrigans Lachen verwirrte die Reihen.

Plötzlich schrie Finn: »Die Deisi haben uns umrundet, wir sitzen fest!«

Crithir blickte über die Schulter. Zeltdächer flatterten in Flammen, aus dem Buschwerk im Sumpf rannten mit torfigem Mulm bedeckte Männer, Ochsen rissen sich los, senkten die Hörner und galoppierten mit röhrendem Gebrüll zwischen die Krieger. Der Wagenlenker Ruads wendete die fuchsroten Pferde, sank von einer Schleuder getroffen über die Brüstung, und schwarze Moorgestalten rammten Äste und Knüppelholz in die Speichen des Königwagens.

Der König sprang ab. Ein Mann schwang von hinten eine Axt gegen Ruad. Crithir sah den schutzlosen Rücken des Vaters und warnte ihn gellend: »Paß auf, hinter dir!«

Morrigans Wut schüttelte Crithirs Arm mit dem schweren

dreischneidigen Speer, und die Wucht des Wurfs riß ihn beinah vom Wagen. Die Waffe traf das Axtblatt des Moormanns, prallte ab und sank bis über die Widerhaken in Ruads Hinterkopf ein. Der König flog herum und begegnete mit geweiteten Augen dem fassungslosen Blick seines Sohnes. Dann stürzte ein Blutschwall aus seinem Mund, die Knie knickten ein, und er fiel rücklings gegen den Wagenkasten.

Crithir sprang ab, mähte mit seinem Schwert, heulte vor Schmerz, warf die Waffe beiseite, riß eine geborstene Wagendeichsel vom Boden, wütete und raste, schlug keuchend um sich. Von weitem hörte er Rufe, dazwischen seinen Namen. Plötzlich sah er Oengus über sich, wurde am Kampfgürtel gepackt und in den Wagen gezerrt.

»Nein«, protestierte er, »nein, ich schütze den König, ich bin sein Rückendecker!«

Aber Oengus ließ nicht los. »Wir müssen uns sammeln, sonst ist alles verloren!« rief er.

Crithir sank aufs Wagenbrett und begann lautlos zu weinen.

Im Lager hob Oengus den Freund vom Wagen, bettete ihn auf den Boden, löste seinen Gürtel und war gleich wieder bei den Corco Mruad und seinen Leuten, die unter Larenes Befehl sich neu geordnet und Aufstellung genommen hatten. Der Geruch von Blut wehte über die Ebene. Crithir war unter einen Ochsenkarren gekrochen. Er ließ den Kopf auf die Knie hängen, spürte sein Herz stolpern, aussetzen und jäh wieder losjagen und fühlte sich dem Ende nahe.

Larene hatte unterdessen aus den verbliebenen Streitwagen eine Verteidigungskette bilden lassen, während die Frauen die letzten Brandherde im Lager erstickten und die Zugtiere einfingen. Jetzt winkte er Oengus zu sich. »Die Deisi hatten größere Verluste als wir«, meinte er. »Sie werden abziehen, wenn sie merken, daß wir uns auch einem zweiten Angriff stellen würden.«

Er behielt recht. Es gelang ihm sogar, die Corco Mruad zu zügeln, die vor Wut heulten und losstürmen wollten, als sie sahen, wie ein Streitwagen der Deisi den Leichnam ihres Königs übers Schlachtfeld schleifte.

»Rührt euch nicht!« brüllte Larene von seinem Wagen, und die Corco Mruad bissen die Zähne zusammen, bewegten sich nicht vom Fleck und sahen mit an, wie die Deisi ihre Toten und Verwundeten aufluden, die Leichen plünderten und sich die Köpfe der Besiegten holten.

»Männer, hört her«, rief Larene. »Das war kein Siegestag für unsere Schwerter. Doch wir haben unseren Feinden die Stirn geboten, das Feld behauptet und die Angreifer zurückgeworfen. Die Deisi haben sich eine blutige Abfuhr geholt und werden nun wissen, daß wir entschlossen sind, unsere Grenzen gegen jeden Eindringling zu verteidigen.«

Larenes Worte verfehlten ihre Wirkung nicht. Die Krieger hoben die Köpfe und rasselten mit den Waffen. Doch einige murrten laut, und jemand schrie: »Das sind leere Reden! Die Deisi haben Ruad erschlagen, unsere Ehre in den Schmutz gezogen. Mit Schimpf und Schande tragen wir unsere Schilde in die Heimat zurück!«

Larene winkte ab. »Wir alle trauern um unseren König«, rief er. »Und wir werden es den Deisi noch heimzahlen, daß sie den Leichnam Ruads geschändet haben. Doch der König ist unbesiegt geblieben. Keine Waffe der Deisi, sondern der Speer seines Sohnes hat ihn gefällt!«

Ein Entsetzensschrei antwortete ihm.

»Das bezeugen mehrere, die es gesehen haben«, erklärte Larene mit erhobener Stimme. »Wer war dabei?«

Finn meldete sich vom entgegengesetzten Ende. »Ich führte Crithirs Wagen und stand neben ihm. Aber ihn trifft keine Schuld. Die Göttin war es, sie hat seinen Speer gegen den König gelenkt.«

Larene nickte. »Die Priester sollen darüber befinden. Wo ist Crithir?«

»Ich habe ihn aus dem Kampf geholt und ins Lager gebracht«, sagte Oengus.

»Da mag er vorerst bleiben«, entschied Larene. »Später wird er Rede und Antwort stehen müssen.« Er kniff die Augen zusammen und spähte zu den Deisi hinüber, die ihre Zelte abgebrochen hatten und sich mit ihren Ochsenkarren in Bewegung setzten. »Männer«, verkündete er, »sie ziehen ab! Wir wollen uns um unsere Toten und Verwundeten kümmern. Bis die Druiden den Namen eines neuen Herrschers bekanntgeben, übernehme ich an Ruads Statt die Befehlsgewalt.«

Crithir hörte die Zurufe der Männer in der Wagenreihe, merkte, daß sein Name genannt wurde, erkannte Larenes Stimme, blieb jedoch teilnahmslos unter dem Karren sitzen. Zwischendurch bückte sich eine Bauersfrau zu ihm, schüttelte seine Schulter, aber er hob nur den Kopf und schaute sie mit leeren Augen an. Beim Einbruch der Dunkelheit erschien die Frau noch einmal. Diesmal hatte sie eine Lederflasche dabei. »Trink, Junge«, sagte sie. »Wer hat dich nur unter diese blutrünstigen Männer gesteckt! Komm, nimm einen Schluck und gib mir die Flasche zurück. Wenn du magst, kannst du auf den Karren steigen, wir haben auch noch eine Decke übrig. Die Nacht wird kalt!«

Crithir trank hastig, verschluckte sich und mußte schmerzhaft husten. Außer Hautwunden hatte er keine ernsthaften Verletzungen davongetragen, doch sein Körper tat überall weh. Die Frau klopfte ihm den Rücken: »Es wird schon wieder, mein Junge! Morgen ist ein neuer Tag.«

Crithir legte sich auf die Erde und vergrub das Gesicht in den Armen. Er fühlte sich von allen Kräften verlassen. Sodelb hatte ihn gewarnt, nicht hinter dem Rücken eines anderen zu kämpfen. Aber Morrigans Kampfeswut hatte ihn sein Tabu vergessen lassen. Er war nicht aufmerksam und klar gewesen, wie es ein Krieger sein muß. Sein Speer, der des Königs Leben verteidigen sollte, hatte hinterrücks Ruad den Tod gebracht. Wieder sah er die Augen seines Vaters vor sich, den Blick, der den Sohn anklagte.

Beim Rückmarsch entdeckte Oengus den Freund auf dem Karren und half ihm hinunter, als das Heer abends die Ringfestung von Thomond erreichte. Larene hatte die Königshalle mit frischer Spreu für die Verwundeten herrichten und die Heilkundigen des Landes rufen lassen. Familien standen zwischen den Mauern der Festung und klagten um Verwandte. Frauen schlugen ihre Brüste, und die Harfner stimmten Klagelieder an. Waffenkameraden rühmten die Toten, die mit Blut- und Siegesschweiß Ehre erworben hatten. Crithir setzte sich neben das äußere Mauertor. Umsonst versuchte Oengus, den Freund zum Reden zu bringen, erinnerte ihn vergeblich an die Eide und Schwüre, die sie verbanden. Crithir bewegte nur stumm die Lippen. Bekümmert legte Oengus den Arm um Crithirs Nacken und schützte ihn mit seinem Mantel vor dem schneidenden Wind, der am Abend aufgekommen war.

Die Schmiede im Sumpfland

Zu Beginn der Nacht forschten Larenes Boten nach Crithir, dem Sohn Ruads. Sie riefen zwischen den Mauern seinen Namen und leuchteten den Leuten mit Fackeln ins Gesicht.

Oengus erhob sich und sagte: »Hier ist er.«

Die Männer faßten den Jungen am Arm. »Bist du Crithir, der Sohn des Königs?«

Er nickte, stolperte auf seine Füße und lehnte sich gegen die Mauer.

»Larene wünscht dich zu sehen«, sagten sie. »Komm mit!«

Oengus blieb hinter ihnen und folgte Crithir zwischen den Feuerstätten, Zelten, Tieren und Menschen bis in Ruads Haus im innersten Mauerring.

Der Raum war mit gewebtem Bunttuch ausgeschlagen, in dem Dreifuß glühte Kohle, Öllampen verbreiteten flackerndes Licht. Zwischen den Druiden und Edelleuten entdeckte Oengus den Bruder des Königs.

»Habt ihr ihn?« rief Larene und stand auf.

»Ja, Herr«, antworteten die Boten. »Wir fanden ihn in der Nähe vom äußeren Tor.«

»Laßt ihn hier und geht«, befahl Larene. Dann bemerkte er Oengus im Türschatten und sagte: »Tritt näher, Freund!«

Larene bückte sich zu Ruman, dem Druiden, beriet sich halblaut und stellte sich vor Crithir. »Ich habe erst heute von dem Zeichen der Raben erfahren, die am Königsstein Blut tranken«, sagte er. »Es war ein ungewöhnliches Zeichen. Ruad hätte wissen müssen, daß es seiner Person galt. Die Raben warnten ihn vor deiner Hand!«

»Du sprichst, als hätte Crithir den Tod seines Vaters geplant!« unterbrach Oengus ihn gereizt.

»Das will ich nicht gesagt haben«, widersprach Larene. »Finn, der Wagenlenker Crithirs, hat uns den Hergang geschildert. Crithirs Speer ist vom Axtblatt eines der Moormänner abgefälscht worden. Dennoch, das Warnzeichen der Raben war so deutlich, als wäre das Unglück zu diesem Zeitpunkt schon geschehen gewesen.«

Ruman hatte sich aufgerichtet, ging zu Crithir und schaute ihm ins Gesicht. »Junger Herr, ich sehe dir an, wie dich der Tod deines Vaters trifft«, sagte er.

Crithir atmete tief und senkte den Kopf.

Der Druide stützte sich auf seinen Stab und überlegte. Ein Falter umkreiste den Dreifuß und torkelte, von der Hitze erfaßt, in die Glut. Im Raum fiel kein Wort. Endlich hob Ruman den Blick und sagte zu Chrithir: »Das Blut deines Vaters, das von deiner Hand vergossen wurde, verunreinigt uns alle, das Land und seine Sippen, den ganzen Stamm der Corco Mruad. Denn ein König ist der Vater aller Menschen seines Volkes und Ehegefährte der Erdmutter, die uns geboren hat. Ihr schulden wir Genugtuung für den Frevel, der ihr durch den Tod des Königs angetan wurde.«

»Das ist die einhellige Meinung der hier Anwesenden«, erklärte Larene. »Wir haben darüber beraten, was mit dir geschehen soll, Crithir. Wir sind dabei zu dem Schluß gekommen, daß deine Sache kein Fall für die Rechtskundigen ist, sondern in die Hand der Priester gehört.«

»Laßt ihn mit nach Aran kommen«, bat Oengus. »Gebt Crithir frei. Ihr wißt, ihn trifft kein Verschulden, denn er wollte den Vater nur schützen.«

»Daran zweifeln wir nicht«, entgegnete Ruman. »Doch das Blut des Königs kann nicht ungesühnt bleiben. Wir müssen die Götter, bei denen unser Stamm schwört, wieder versöhnen. Das kann nur Crithir. Er muß die Bluttat begleichen, damit sie unserem Volk nicht zum Verhängnis wird.« Er wandte sich an Crithir und fragte ihn: »Bist du bereit dazu?«

»Ja«, antwortete Crithir mit flacher Stimme.

»Dann laßt uns gehen«, forderte der Druide die Anwesenden auf. Die Männer erhoben sich von ihren Sitzen, aber Oengus stellte sich dem Freund in den Weg. »Crithir, du weißt nicht, was du tust!« beschwor er ihn.

Der Junge reagierte nicht. Ruman nahm seinen Arm und zog ihn mit sich zum Ausgang.

»Larene, sieh ihn dir doch an!« stieß Oengus erregt hervor. »Er ist nicht bei sich. Die ganze Zeit hat er kein Wort geredet!«

»Doch«, erwiderte Larene, »er hat zugestimmt. Crithir wird sein Leben zur Sühne geben. Würdest du für dein Volk nicht dasselbe tun?«

Oengus verstummte. Er schloß sich dem Zug an, der von Fackelträgern angeführt die Ringmauern verließ, einer Straße zum Wald folgte und dort auf dem Druidenpfad den heiligen Hain der Götter Thomonds betrat.

Nasse Zweige hingen über den Weg, lösten bei jeder Berührung Tropfenschauer aus, die Crithir durchnäßten und sich auf seiner Haut mit Schweiß vermischten. Hinter sich vernahm er das Geräusch schiebender, scharrender Füße, hörte Äste knacken und Laub rascheln. Aufgeschreckte Vögel flatterten mit lauten Alarmrufen davon. Der Weg führte tief in den Hain. Noch hatte der Mond das Himmelsmeer nicht erreicht, nur dünnes Sternenlicht sickerte durch das Kronengeäst der Bäume.

Crithir merkte mit einemmal, daß seine Knie und Knöchel ihn wieder sicher trugen. Er schrieb es der zauberischen

Macht des Druidenpfades zu, und seine innere Kraft wuchs mit jedem Schritt.

Sie erreichten schließlich eine von Feuerschein erhellte Waldlichtung, die Kultstätte der Könige von Thomond. Ein mit weißen Steinen umsetzter Hügel, auf dessen Höhe sich ein dunkler, menschenförmiger Umriß gegen die Sterne abhob, beherrschte den Ort. Es roch nach Farn und Moosen, und in den Wipfeln zog der Nachtwind. Ruman geleitete Crithir zu einem schwärzlichen Pfosten, berührte Stirn, Herz, Hände und Füße des Jungen mit der Spitze seines Stabes und rief einen Befehl zum Altar hinüber. Ein mit rußigem Lederschurz bekleideter Mann trat aus dem Schatten, griff auf ein Zeichen des Druiden Crithirs Arm und schob den Jungen vor sich her zum Opferstein. Zangen, Hämmer, andere Eisenteile und Ketten lagen bereit. Der Schmied umschloß Crithirs Handgelenke mit Eisen und nietete die Laschen mit Hammerschlägen fest.

Crithir machte sich bereit zu sterben. Er sah sich nach seinem Freund um und entdeckte Oengus abseits von den übrigen Männern. In Tirnanog sehen wir uns wieder, dachte er und versuchte ihn mit einem Lächeln zu erreichen. An den Tod zu denken hatte Crithir bei Sodelb gelernt. »Ein Krieger spielt nicht mit dem Gedanken an den Tod, aber er meidet ihn auch nicht«, hatte sie ihre Waffenschüler gelehrt. »Denn ohne das Bewußtsein von der Gegenwart des Todes gibt es keine Kraft.« Jetzt spürte er diese Kraft und zugleich eine große Erleichterung. Er lauschte in sich hinein, sein Kopf war klar, frei von störenden Stimmen und Nebengedanken, wie es bei einem Krieger sein mußte. Auf dem Schlachtfeld hatte er versagt, aber als Krieger würde er hier am Altar sterben und sühnen.

Währenddessen war am Fuß des Hügels ein Geweihhirsch aufgetaucht, den zwei Druiden begleiteten. Das Tier scheute vor dem Feuer und schüttelte sein Gehörn. Die Männer warteten, bis sich der Hirsch beruhigt hatte, und dann brachten sie ihn zum Opferstein. Der Schmied befestigte zwei Ketten an den Geweihwurzeln, trat zurück und spannte sie über ihre ganze Länge. Jetzt erst begriff Crithir, was mit ihm geschehen sollte. Ein Zittern überlief ihn.

»Strecke deine Arme aus«, befahl Ruman. »Der Hirsch ist das Seelentier der Könige. An ihn gebunden übergeben wir dich den göttlichen Mächten zum Opfer.«

Der Schmied faßte nach den Gelenken des Jungen und nietete die beiden Kettenenden an den Handschellen fest. Die Druiden begannen zu singen, und Ruman rief in der Druidensprache die Götter der Corco Mruad an. Dann berührte er mit seinem Stab die Lenden des Tieres. Der Hirsch warf sein Geweih hoch, schwenkte ungeduldig den Kopf und jagte mit einem Satz los.

Crithir wurde umgerissen und mitgeschleift. Es gelang ihm gerade noch, taumelnd auf die Beine zu kommen, als der Hirsch ihn durch das Unterholz in den Wald schleppte. Äste peitschten ihn, er stolperte über Wurzeln und Faulholz, fiel, verfing sich in Ranken, sprang auf und versuchte, an die wollige Flanke gedrückt, mit dem Tier mitzuhalten. Es ging eine Berglehne hinab, über rauhes Gestein, dann wieder durch morastigen Talgrund. Der Hirsch schnaubte, erregte sich immer mehr, blieb zwischendurch für einen kurzen Augenblick stehen, fegte mit dem Geweih krachend einen Baumstamm entlang, spürte von neuem die Nähe des Menschen und setzte sich wieder in Bewegung.

In einer Grassenke verweilte er endlich, knabberte an Knospen und Rinden, sicherte und fraß weiter. Crithirs ganzer Körper schmerzte, als hätten sich alle seine Knochen voneinander gelöst. Das Herz pochte ihm hart und stoßweise bis in den Hals. Der Wildnis ausgeliefert, an das Tier gekettet, war ihm kein tapferer Tod bestimmt, sondern ein langsames, verlassenes Sterben. Nichts, wofür Sodelb ihn ausgerüstet, geschult und bereit gemacht hatte.

Schließlich stapfte der Hirsch weiter. Crithir konnte nicht mehr. Vergeblich versuchte er, das Tier zum Stehenbleiben zu bewegen, und sprang ihm endlich mit einem blinden Satz auf den Rücken. Der Hirsch stutzte, scheute, stieg mit den Vorderläufen in die Luft und machte den Rücken krumm. Doch Crithir konnte sich an den Geweihsprossen halten, bis das Tier mit gesenktem Kopf unter die Bäume stürmte und ihre Äste den Jungen hinunterfegten.

Als der zur dünnen Sichel gemagerte Mond um die Nachtmitte am östlichen Himmelsufer auftauchte, konnte Crithir die Laufrichtung des Tieres bestimmen. Es schien sich südostwärts zu halten, und er sah, daß sie das Bergland der Corco Mruad hinter sich gelassen hatten. Die Kräfte des Hirsches schienen zu erlahmen, seine Bewegungen wurden schwerfällig, immer häufiger blieb er stehen, rupfte Gräser und Blätter und brach unter einer Schlehenhecke plötzlich in die Knie. Crithir schlug der Länge nach auf den Boden und flehte zu Donn, dem Herrn des Todes, ihn zu erlösen.

Im Morgenlicht wurde er emporgerissen. Von einem Wolfslaut alarmiert, stemmte sich der Hirsch hoch, ruckte an den Ketten und ergriff die Flucht. Crithir rutschte auf den Knien hinterher, kam gebückt auf die Beine und fiel wieder um. Er sah graue Schatten, hörte Knurren, spürte einen reißenden Schmerz im Arm, wurde hin- und hergeschleudert und stand endlich aufrecht. Im Gehörn des Tieres rann Blut, der Hirsch zitterte, seine Flanken dampften.

Von da an verwischten sich Crithirs Wahrnehmungen. Bäche und Talengen, Bremsen, die ihm den Körper zerstachen, Hasten und Rennen, ein wahnsinniges Stechen in der Schulter, als risse der Arm vom Leib, und dann Wasser und Mulm. Er sackte auf den Leib des zusammengebrochenen Tieres, stieß einen langgezogenen Wehlaut aus und gab auf.

Mehrmals tauchte Crithir vorübergehend aus der Bewußtlosigkeit auf, konnte die Dunkelheit aber nicht vertreiben. Als er zum erstenmal länger zu sich kam, war es ihm, als sei inzwischen eine Ewigkeit vergangen. Metallisches Klirren, Rufe, ein durchdringendes Kreischen, Zischen und Fauchen rüttelten ihn wach, der harte Schlag von Eisen auf Eisen dröhnte in seinen Ohren. Geruch von Pech und Schwelbrand drang ätzend in seine Nase, und als er die Augen öffnete, sah er in braunen Torf.

Dann bemerkte er neben sich einen Krug, aus dem es nach Ziegenmilch roch. Er wollte nach dem Gefäß greifen, aber er fand seine Hände nicht, und als er an sich hinuntersah, entdeckte er mit einem Schock, daß nichts von ihm übrig geblieben war als sein Kopf. Ihm wurde von neuem schwarz vor den Augen, und sein Nacken fiel nach hinten.

Diesmal drangen Bilder zu ihm ins Dunkel. Sodelb stand im Kampfkreis und starrte ihm über den Schildrand ins Gesicht. Er wollte weg, konnte sich aber nicht von der Stelle bewegen. Aber dann war auf einmal Ruad an seiner Seite, umarmte ihn und sagte: »Ich habe keine Geheimnisse vor ihm, er ist mein Sohn!«

Der Arm auf der Schulter hielt ihn fest, die Gestalt des Vaters wuchs ins Riesenhafte, und sein Bart wurde zu einem Wald

72

von grauen, wirren Flechten, die ihn undurchdringlich umhingen. Crithir rang nach Luft.

Irgendwann fand er endlich die Kraft, sich den Bildern und Stimmen zu widersetzen und aufzuwachen. Sein erster Blick fiel auf ein anderes Augenpaar unmittelbar vor seinem. Er zuckte zurück, doch nur sein Hals bewegte sich. Das ist leicht zu erklären, dachte er. Es ist ja bloß mein Kopf da! Die rußumrandeten, geröteten Augen gehörten zu einer klobigen Gestalt, die sein ganzes Gesichtsfeld ausfüllte. Crithir blinzelte und fragte: »Wo bin ich?«

Aber es war ihm gleichgültig, ob er eine Antwort bekam, wenn er nur wieder wegdämmern konnte. Das war nicht schwer, denn die Dunkelheit kehrte zurück, verwischte alles Bewußtsein, war warm und durchrieselte seinen ganzen Körper.

Sein Atem stockte, und er horchte verwundert in sich hinein. Zuerst nahm er sein Herz wahr, noch weit weg, dann näher. Es klopfte ruhig und stetig, Schlag für Schlag, und zugleich meldeten sich andere Körperempfindungen, seine Zehenspitzen und Finger kribbelten, und als er ausatmete, merkte er, wie seine Brust sich senkte. Er war da, von Kopf bis Fuß, ganz und an einem Stück, hatte seinen Körper wiedergefunden. Die Gewißheit teilte sich ihm als erregendes Gefühl mit, das ihn heiß durchschoß. Mit einemmal war er hellwach.

Crithir schlug die Augen auf und erblickte ein Mädchen, das unweit von ihm im Gras hockte. Wie es schien, war sie mit einer Knüpfarbeit beschäftigt.

»Was ist mit mir?« fragte Crithir laut. »Ich kann mich nicht rühren.«

Sie schaute auf, legte ihre Wolle weg, kam zu ihm, bückte sich hinunter zu seinem Gesicht und fragte: »Bist du wach?«

Er nickte. »Ich habe Durst«, sagte er.

»Es ist das erstemal, daß du sprichst«, sagte sie und lächelte.

»Warte, ich hole dir zu trinken.«

Es machte ihm Mühe, ihr mit dem Blick zu folgen, denn seine Pupillen ließen sich nicht festhalten, rutschten ständig unter die Wimpern, und die Sicht verschwamm. Er schloß die Augen, roch wieder die säuerlichen Holzkohlenschwaden, hörte den Schlag von Eisen auf Eisen. Angestrengt versuchte er sich wachzuhalten, bemerkte das zurückgekommene Mädchen aber erst, als sie ihn ansprach.

»Hier ist Milch«, sagte sie und hielt ihm einen Krug an die Lippen.

Crithir trank mit kleinen Schlucken und sah sie über den Gefäßrand an. Sie hatte eine bräunliche Haut, die Brauen standen langausgezogen über einer sehr geraden Nase, und ihre Haare waren von dunkler Farbe wie rötlicher Torf. Wenn sie sich bückte, sah er durch ihren Gewandausschnitt das Joch ihrer Brüste. Das Mädchen erinnerte ihn an ein vertrautes Gesicht, doch er kam nicht darauf, mit wessen Bild sein Gedächtnis sie verglich.

»Ich bin im Boden eingegraben. Wer hat das mit mir gemacht?« fragte er und versuchte den Körper zu rucken. Aber er gab gleich auf, denn es strengte ihn so sehr an, daß ihm der Schweiß kam.

»Ich hole Dub«, antwortete sie. »Er hat dich gefunden und zu uns gebracht. Er wird es dir erklären.«

»Warte doch«, sagte Crithir. »Rede mit mir und gib mir noch einen Schluck aus dem Krug.«

Es war ein verwirrendes Gefühl, die Milch eingeflößt zu bekommen, so ausgeliefert und abhängig zu sein, sich selbst nicht helfen zu können. Jedesmal, wenn ihm das Mädchen den Krug ansetzte, öffnete sie unwillkürlich ihre Lippen, und Crithir roch ihren Atem, der sein Gesicht streifte.

»Was ist hinter mir?« erkundigte er sich. »Es hört sich an wie eine Schmiede.«

»Diesmal bist du wirklich wach«, stellte sie fest und nickte ihm zu. »Ja, es ist eine Schmiede, Dub und seine Leute arbeiten mit ihren Hämmern.« Sie rutschte näher und untersuchte seine Haare. »Gestern war eine dicke Zecke darin, ich habe sie dir weggemacht«, sagte sie. »Von deinen Zöpfen mußten wir ein Stück abschneiden, weil wir sie nicht miteingraben wollten.«

»Wie lange bin ich denn hier?« wollte er wissen.

»Ich glaube, heute ist es der dritte Tag«, rechnete sie nach. »Wir hatten Dunkelmond, als wir dich in die Grube legten. Jetzt nimmt der Mond wieder zu, und dann wird es auch dir bald wieder besser gehen. Denn wenn seine Hörner wachsen, ist die Kraft der Erde am stärksten, und wir werden dich wieder ausgraben können.«

»Ihr haltet mich nicht fest?« fragte Crithir erleichtert.

»Aber nein«, lachte sie ihn aus. »Du bist doch nicht gefangen! Torf ist das, worin du liegst, Misteln und Heilerde zum Gesundwerden. Du hättest sehen sollen, wie zerschunden du warst, als Dub dich hierher auf den Hof brachte.«

Das Mädchen hatte sich mit untergeschlagenen Beinen zurück auf ihren Platz gesetzt und ihre Wollarbeit wieder aufgenommen. Zwischen ihren Brauen stand eine kleine Falte, und ihre Finger bewegten sich in winzigen Wellenlinien um die Fäden. Ab und zu blickte sie auf und lächelte ihm zu. Sie hat Augen, die einem guttun, dachte er und fragte: »Was wird das, was du da machst?«

Sie hielt einen langen handbreiten Wollstreifen in die Luft

und zeigte auf das eingewirkte bunte Muster. »Ich bin bald fertig«, sagte sie. »Es wird ein Gürtel. Mir war es zu langweilig, einfach hier zu sitzen, ohne etwas zu tun.«

»Du bist die ganzen Tage bei mir gewesen?« erkundigte sich Crithir.

»Nicht ständig, aber meistens schon«, antwortete sie. »Ich passe auf, daß nichts mit dir passiert. Wenn es regnet, stülpe ich dir den Weidenkorb dort drüben auf den Kopf. Und es könnten ja auch Tiere kommen, Hühner oder Katzen, überhaupt, alles mögliche könnte dir zustoßen.«

Ihre Stimme verlor sich in seinen Traumreisen, Bildern und Phantasien, in denen sich die Wirklichkeit mit der Anderswelt vermischte. Aber immer öfter gelang es Crithir, sich zwischendurch länger wachzuhalten. Der starke Erdgeruch löste seine Ängste, er vermochte mit der Zeit die Stimmen und Geräusche seiner Umgebung einzuordnen und verlangte eines Nachmittags zum ersten Mal nach fester Speise.

Zusammen mit dem Mädchen erschien auch Dub. Während sie Crithir mit dem Löffel fütterte, schilderte der Schmied, wie er ihn vor Tagen nicht unweit vom Hof gefunden hatte.

»Ich war mit dem Pferdekarren unterwegs, um Eisen aus dem Moor zu holen«, berichtete er. »Der Hirsch lag unter dir, ein Tier mit einem Zwölfendergeweih wie man es selten sieht. Der arme Kerl hatte sich die Vorderläufe gebrochen, und ich habe ihm den Gnadenstoß gegeben.«

Dub hatte Hammer und Meißel gebraucht, um die Ketten von Crithirs Gelenken loszumachen, und hatte dann gemerkt, daß noch Leben in ihm war. »Viel Hoffnung machten wir uns nicht, als wir dich auf dem Hof liegen sahen«, meinte er. »Deine Haut war in Fetzen, ein Arm aus dem Gelenk gerissen, deine Beine sahen übel aus, voll

Prellungen und Beulen, aber gebrochen war nichts. Ja, dann haben wir die Mistkuhle leergemacht, mit Torf und Erde vom Bachlauf gefüllt, und Ronait hat Misteläste geschnitten.«

Crithir bewegte unruhig den Kopf. Bei Dubs Bericht war ihm die Erinnerung an den schnaubenden Hirsch, an die Nacht im Druidenhain und an Ruads Ende zurückgekommen. Er verzog schmerzlich das Gesicht.

»Ich weiß, wie dir zumute ist«, sagte Dub und wischte mit seinen schwarzschwieligen Händen über den Lederschurz. »Vor Jahren bin ich auf den Tod krank gewesen und habe ein ganzes Monddrittel in der Grube zugebracht. Es ist ein Heilzauber. Kennt man ihn bei euch nicht?«

Crithir verneinte, und Dub sagte zu dem Mädchen: »Hörst du, Ronait? Ich hatte es dir gleich gesagt, daß der Junge keiner von unseren Stämmen ist. Auch wenn er mit seinen schwarzen Haaren und der dunklen Haut so aussieht wie einer aus dem Sumpfland. Aber die Ketten stammen nicht von hier, die kommen von der Küste hinter den Bergen.« Er bückte sich über Crithirs Kopf und fragte: »Junge, warum haben deine Leute das mit dir gemacht?«

Crithir blickte Ronait und den Schmied von unten her an und sagte dann: »Mein Volk hat mich den Göttern geschickt.«

Dub rieb sich das Kinn, drang aber nicht weiter in ihn, sondern ging an seine Arbeit zurück und ließ das Mädchen mit ihm allein. Crithir schloß die Augen. Das Gespräch hatte ihn erschöpft. Er wünschte, er könnte auf der Seite liegen, sich zusammenrollen und den Kopf zwischen die Arme stecken. Nach einer Weile hörte er, wie das Mädchen aufstand, über den Hof zum Pferch lief und nach dem Pferd rief.

In der Nacht wachte er von einem scharrenden, fauchenden

Geräusch in seiner unmittelbaren Nähe auf. Er mußte lange nach Ronait rufen, bis sie mit einem brennenden Kienspan erschien. Crithir dachte an Ratten, die seinen Kopf annagten, und bat: »Bleib bei mir, ich habe Angst.«

Ronait holte ihr Schafsfell und legte sich zu ihm. Sie hatte sich bisher die ganze Zeit nicht nach seiner Herkunft erkundigt, aber jetzt, als sie in der Dunkelheit zusammen waren, fragte sie Crithir nach seiner Verwandtschaft und Sippe.

»Crithir, der Sohn Ruads bin ich«, antwortete er. »Und mein Volk sind die Corco Mruad.«

»Gehört habe ich diesen Namen schon«, meinte Ronait. »Ich glaube, meine Mutter hat früher mal von den Leuten gesprochen. Wohnen sie nicht in den Bergen an der Küste?«

»Ja«, bestätigte Crithir. »Thomond ist unser Stammessitz.«

»Ich hatte mir die Männer im Bergland ganz anders vorgestellt«, lachte das Mädchen. »Nicht so, wie du aussiehst. Sind sie nicht alle rot und blond und schmieren sich Kalk in die Haare?«

»Nicht alle«, erklärte Crithir. »Warst du denn noch nie in den Bergen oder bei uns am Meer?«

Ronait schnaubte verächtlich durch die Nase. »Wir wollen mit euch nichts zu tun haben«, sagte sie. »Eure Vorfahren haben unsere Stämme ins Sumpf- und Ödland getrieben, und sie bekriegen uns noch immer. Dabei sind wir nur noch so wenige.«

Crithir merkte, wie Ronait ihr Schafsfell über sich zog, und wartete, daß sie weiterreden würde. Aber sie schwieg, und später hörte er an ihren Atemzügen, daß sie eingeschlafen war. Er war froh, daß sie nicht versucht hatte, ihn weiter auszufragen, denn er mochte nicht über sein Unglück sprechen. Ihm war, als gehörte seine Vergangenheit nicht mehr zu ihm, weil er alles verloren hatte, was ihn mit seinem Leben verband, Oengus, den Freund, seinen Vater, Sodelbs Schwert und seine Kriegerehre.

Als es Morgen wurde, öffneten der Schmied und Ronait die Grube. Die Sonne überschüttete seine nackte Haut mit warmem Licht, und Crithir kam es vor, als sei sein Körper plötzlich gewichtlos geworden. Dub reichte ihm die Hände und half ihm aus der Grube. Als Crithir ein paar zögernde Schritte versuchte, meinte er fast zu schweben.

»Übernimm dich nicht!« warnte der Schmied. »Bleib stehen und laß dich erst einmal betrachten.«

Crithir guckte an sich hinunter. Sein Körper war mit den Spuren von Verletzungen, Wunden und Prellungen überzogen, und wo sich die Haut neu gebildet hatte, sah sie fleckig und rötlich aus.

Die Hand des Schmieds fuhr seinen Rücken entlang, tastete die Muskeln ab und strich die Beine entlang. »Gut, gut«, hörte Crithir ihn murmeln. »Bewege die linke Schulter und jetzt den ganzen Arm!« verlangte er dann. »Ja, das ist alles verheilt, du bist wieder richtig zusammen.« Er hob den linken Unterarm des Jungen und zeigte Ronait die längliche Biß-spur. »Ein Wolf muß das gewesen sein«, meinte er. »Aber sieh dir nur mal an, wie sich die Wunde gemacht hat!«

Plötzlich wurde Crithir flau vor Schwäche. »Ich muß mich setzen«, stieß er hervor. »Ich kann nicht mehr.«

Hätte Dub nicht zugefaßt, wäre er der Länge nach umge-schlagen. »Langsam, nimm dir nicht zuviel vor in den näch-sten Tagen«, sagte er. »Denk daran, du kommst aus dem Grab.«

Crithir griff sich an den Hals, tastete hastig über seine Brust. »Mein Schutzzeichen, das Amulett. Es ist nicht mehr da!«

Ronait kniete sich zu ihm. »Ich habe es bei meinen Sachen aufgehoben«, beruhigte sie ihn. »Ich hole es dir.«

Er atmete auf, als ihm das Mädchen die Haarschnur mit dem Anhänger überstreifte. »Da sind auch die Armspangen«, zeigte sie. »Und der Ring mit dem Blutstein.«

Der Fingerreif, Uislius Abschiedsgeschenk, paßte noch. Doch Crithirs Arme waren so schmal geworden, daß die Spangen über die Ellenbogen rutschten und klirrend auf seine Handgelenke fielen. Er streifte sie ab und hielt sie dem Mädchen hin: »Behalte sie, ich will sie nicht mehr!«

Ronait blickte fragend auf Dub. Der zuckte die Schultern, nahm die Armreifen und betrachtete sie mit zusammenge-kniffenen Augen. »Das ist kostbarer Schmuck«, meinte er. »Goldfiligran mit buntem Glasfluß auf Silber gelötet.«

»Bei uns sind es die Zeichen der Krieger und freien Männer«, erklärte Crithir.

Dub gab Ronait die Armspangen zurück. »Also ein freier Mann, ein Krieger bist du«, sagte er und runzelte die Stirn. »Und was soll jetzt werden? Willst du zu deinen Leuten zurück?«

Crithir schüttelte abwehrend den Kopf.

Dub dachte nach, zögerte und sagte schließlich: »Von mir aus kannst du erst mal hier bei der Schmiede bleiben.«

Ronait brachte ihm später ein Hemdkleid. »Probier es an«, sagte sie. »Ich hatte es weit geschnitten, weil ich es im Winter über den anderen Sachen trage. Schau, ob es paßt. Und da ist auch ein Schenkeltuch zum Unterziehen.« Er schlüpfte in das Kleid, und Ronait musterte ihn. »Nur das Kopfloch ist zu eng«, meinte sie. »Das säume ich neu. Kannst du dich bewegen?«

»Ich denke schon«, sagte der Junge.

»Und wie ist es mit Schuhhäuten?« fragte sie.

»Ich laufe lieber barfuß wie du«, erklärte Crithir.

Ronait lachte. »Aber nicht, wenn du in die Schmiede gehst!« sagte sie und zeigte ihre Fußsohlen. »Bei mir ist das etwas anderes, wenn ich in eine Kohle trete. Ich bin es gewohnt. Guck, was ich für dicke Schwielenhäute habe!«

Crithir betrachtete die Unterseite von seinen eigenen Füßen. Die Sohlen waren von den Zehen bis zur Hacke ausgebleicht und weich und faltig geworden, so als hätte er zu lange im Wasser gestanden. »Du hast recht«, meinte er kleinlaut. »So kann ich nicht laufen.«

»Setz dich drüben auf die Bank bei der Werkstatt«, sagte Ronait. »Ich hole Leder, und wir schneiden dir Schuhhäute. Danach kannst du mit mir zu den Ziegen kommen, ich muß melken.«

Während der nächsten Zeit hielt Crithir sich oft in der Schmiede auf. Dub arbeitete mit zwei Gehilfen. Ein scheuer Junge bediente den Ziegenfellblasebalg. Er war der Sohn des Köhlers, der im Wald hinter der Werkstätte einen Holzmeiler unterhielt und Dub mit Kohle belieferte. Der andere Geselle war ein auf beiden Beinen hinkender Mann, der mit Dub die Zuschlagarbeiten auf dem Amboß ausführte und ihm half, wenn der Schmied mit langarmigen Zangen glühende Reifen auf die Radfelgen zog. Beide Männer schliefen bei ihm in dem lehmbeworfenen Flechtwerkhaus neben der Werkstätte.

»Wir liegen hier weitab von den anderen Gehöften des Sumpflands«, hatte Dub dem Jungen auseinandergesetzt. »Die Leute mögen den Lärm der Schmiede nicht und wollen auch nicht den Ruß und die Schlacke in der Nähe ihrer Felder haben.«

Crithir hatte sich an den Schlag von Eisen auf Eisen bald so gewöhnt, daß er ihn kaum noch bewußt wahrnahm. Gelegentlich kamen Leute aus der Umgebung und gaben Arbeiten in Auftrag. Äxte, Sicheln und Hacken oder ein Faß, das Dub mit eisernen Bändern fassen sollte. Es waren wortkarge Männer, die dem Jungen keine Fragen stellten. Aber Crithir merkte, daß sie Fremden gegenüber auf der Hut waren und ihn verstohlen abschätzten.

Für Crithir hatte sich ein Schlafplatz in einer Laubschütte bei Dub gefunden. Am nahgelegenen Wasserlauf hatte Ronait eine schilfbedeckte Rundhütte für sich. »Hier hat schon meine Mutter gewohnt«, erklärte sie. »Seit sie tot ist, lebe nur ich darin.«

Ronait erzählte, daß die Mutter mit ihr beim Schmied Unterkommen gefunden hatte, nachdem ihre Sippen im Krieg verschollen waren. Sie hatte Dubs Hauswesen besorgt, und jetzt hatte Ronait die Aufgabe übernommen, dem Schmied und seinen Gehilfen das Haus zu führen. Sie bekochte die Männer, zwirbelte Wolle auf der Handspindel, sammelte Obst und Beerenfrüchte, für den Winter Haselnüsse, Eckern und wilde Erbsen, melkte die Ziegen und rieb Korn zu Mehl auf der Steinhandmühle. Es war auch Ronait, die dafür sorgte, daß Crithir wieder zu Kräften kam. Sie brachte ihm morgens mit Honig gesüßten Gerstenbrei in die Schmiede, wo Crithir lernte, Dub und seinen Gesellen zur Hand zu gehen.

Dub drückte ihm den Ginsterbesen in die Hand und ließ ihn die Werkstatt ausfegen. Crithir lernte den Blasebalg bei der Schmelzgrube bedienen, dessen Tondüsen Luft ins Holzkohlenfeuer brachten, und er hielt den Hartmeißel, wenn der Schmied auf dem Amboß rotglühendes Eisen abschnitt. Dub leitete Crithir geduldig an, bis er verstand, mit Zange und Hammer umzugehen. Auf den Arans war Crithir oft in der Schmiede gewesen, um Waffen neu richten oder einen Schild in Eisenbänder fassen zu lassen. Aber erst jetzt bei Dub merkte er, was es heißt, die unablässige Hitze des Feuers zu ertragen, von morgens bis abends rußigen Rauch zu atmen und ständig mit dem schweren Schmiedegerät zu arbeiten. Er war froh, wenn der Schmied ihn zwischendurch für ein paar Tage entließ, damit er einen Weidezaun umsetzte oder Ronait behilflich war.

Unterdessen kamen die ersten Sommertage. Thymian duftete, die Luft wehte lind, und flauschiges Wollgras blühte. Ronait pflückte Erdbeeren, die am Waldrand reiften, stieg mit Crithir in die Kirschen und schnitt frische Kresse an den Wasserläufen. Das Mädchen und der Junge waren jetzt viel zusammen.

»Ich weiß gar nicht mehr, wie es ohne dich war«, meinte sie zu Crithir. Und eines Abends sagte sie: »Ich habe deine Decken zu mir ins Haus getragen, du kannst unter meinem Dach schlafen.«

Crithir war froh, bei ihr zu liegen, denn im Dunkeln bedrängten ihn jede Nacht seine Ängste. Was ihm in Thomond widerfahren war, wiederholten seine Träume im Schlaf, und tagsüber kehrten die Ängste mit der Erinnerung an die Nacht zu ihm zurück. Er spürte, wie Ronait darauf wartete, daß er ihr mehr von sich erzählte, doch sie drängte ihn nicht. »Ich weiß, du bleibst nicht für immer«, sagte sie eines Nachts, als er sich in ihrem Arm kuschelte. »Aber jetzt ist es hier gut für dich, oder?«

Crithir fuhr mit dem kleinen Finger das Innere ihrer Ohrmuschel nach und küßte sie.

»Morgen zeige ich dir etwas, das du nicht wieder vergessen wirst«, versprach sie. »Gleich morgen früh gehen wir los.«

Sie brachen auf, noch bevor die Sonne das nebelige Licht zerteilte, folgten Rinnsalen und Bächen und kamen über gewundene Fußpfade aus dem Sumpfland in die ansteigende Heide. Plötzlich faßte Ronait ihn am Arm, zog ihn hinter einen Schwarzdornstrauch und deutete hangaufwärts zu einer Hecke hinüber. In ihrem Schatten standen zwei Pferde zusammen, scheuerten ihre Hälse, fuhren sich mit den Zungen in die struppigen Mähnenkämme und beknabberten einander Rücken und Lenden.

»Guck mal«, flüsterte Ronait, »sie putzen sich gegenseitig die Stellen, an die sie selbst nicht kommen!«

Sie hielten sich versteckt und beobachteten die Tiere, bis eins der Pferde sie witterte, den Kopf hochwarf, schnaubte und mit dem anderen davontrabte.

»Wildpferde sind das«, sagte Ronait. »Sie gehören keinem Menschen. Schau, da drüben!«

Fünfzehn oder zwanzig Pferde galoppierten nicht weit von ihnen durch eine Mulde, stiegen auf der anderen Seite das Gefälle empor, verschwanden zwischen Buschwerk und Sträuchern und tauchten über einer Kuppe als schwarze Umrisse im Gegenlicht wieder auf. Crithir hatte bisher noch nie Pferde in freier Wildbahn erlebt und verfolgte mit großen Augen ihre spielerischen, ungebändigten Bewegungen.

»Komm, wir rennen!« rief Ronait. »Ich weiß einen Platz, wo wir sie ganz nahe sehen können!«

Sie verbrachten den Morgen auf einer von Eiben beschatteten Felsnase. Die Reglosigkeit der Heide, die eben noch wie ausgestorben mit ihren starren Ginster- und Stechpalmen-büschen vor ihnen lag, konnte sich von einem zum anderen

Augenblick in eine strudelnde Flut von schnaubenden, wiehernden Pferdeleibern verwandeln, die unter prasselnden Hufschlägen an ihnen vorbeistoben. Dann wieder grasten nur vereinzelte Stuten und Jungtiere in ihrer Nähe, und die Landschaft war so still, daß sie zwischen dem Rupfen und Mahlen der Pferdemäuler das Summen der Hummeln in den Hecken hörten.

»So muß es in Tirnanog sein, dem Land hinter den Wellen«, meinte das Mädchen, und Crithir nickte.

Von da ab vernachlässigte Crithir die Schmiede. Mit dem ersten Morgenlicht war er unterwegs zu den Pferden, lag am Wasser, wenn die Tiere tranken, bewunderte ihre Hufe und schmalen Fesseln, setzte sich zu ihnen in den Schatten und sog den scharfen Geruch ihrer Leiber ein. Er wanderte mit ihnen weiter und schloß Freundschaft mit der Erde und dem Himmel über dem Pferdereich.

Wenn er heimkam, karrte er mit Ronait zum Meiler und lud Kohle auf, oder er hockte sich unter die Ziegen und melkte. Er war in sich gekehrt und redete wenig. Aber sein Schritt wurde weicher und leichter und der Schlaf ruhiger. Und eines Nachts, als er bei Ronait lag, begann er endlich, ihr von sich zu erzählen. Er berichtete vom Tod der Brüder und dem Blutzeichen am Opferstein, beschrieb, wie sein Speer in der Schlacht sein Ziel verfehlte und statt dessen den Vater traf.

»Ich hatte es nicht gewollt, Morrigan hatte ihre Hand im Spiel«, verteidigte er sich tonlos. »Ich habe ihn nicht mit Absicht getötet, aber ich war bereit, für mein Volk zu sühnen. Doch die Götter haben mein Opfer verschmäht. Wie soll ich da weiterleben?« Er warf sich auf die Seite und schluchzte.

Ronait hatte ihm wortlos zugehört, stand dann auf und ging

aus dem Haus. Sie kam mit einem entzündeten Kienspan zurück und hielt ihn an den Binsendocht ihrer Lampe. »Setz dich, daß ich dich sehen kann«, sagte sie und betrachtete ihn, seine angezogenen Beine und Arme, die strähnigen Haare, sein jammervolles Gesicht. Lange Zeit sagte sie nichts, und Crithir fühlte sich unwohl unter ihren Augen. Er rutschte auf seinem Platz hin und her, beunruhigt von ihrem Schweigen.

»Du redest von deiner Ehre, die du verloren hast«, sagte sie schließlich, und er merkte ihr an, daß sie sich zwang, ihre Gereiztheit nicht offen zu zeigen. Sie setzte die Öllampe ab, kauerte sich auf die Fersen und fuhr fort: »Wir sind einfache Leute. Die Fischer und Sumpfbauern, die in die Schmiede kommen, denken nicht an Ruhm und Taten oder wie sie sich einen Namen machen. Sie leben von der Hand in den Mund und sind froh, wenn sie dabei überleben. Für Leute wie dich ist das zuwenig. Du tust dir leid, verwünschst dein Schicksal und bedauerst dich, weil ein unheldenhaftes Leben für dich kein Leben ist!«

Crithirs Mund zitterte. »Du verstehst mich nicht!« sagte er.

»Doch, ich habe dich sehr gut verstanden«, entgegnete sie. »Du hast dein Leben davongebracht und klagst auch noch darüber!«

Crithir drehte den Kopf zur Seite.

»Ich will mit dir reden, sieh mich an«, forderte sie. »Also, die Corco Mruad haben dich den Göttern geschickt, und fast hätten dich die Raben unter ihren Schnäbeln gehabt. Aber Dub kam und zog dich aus dem Schlamm. Ich denke, vielleicht schonten die Götter dein Leben, weil sie deine Hand zur Sühne brauchen.«

»Meine Hand? Wie meinst du das?« fragte Crithir zweifelnd.

»Du hast mir von deinen Brüdern erzählt«, erinnerte sie ihn. »Dein Vater wollte sie rächen, aber der ist nun tot. Doch du kannst an seiner Stelle Blutbuße für sie fordern. Dann fände er Ruhe und würde dich nicht mehr in deinen Träumen bedrängen.«

Crithir hob die Schultern und preßte die Lippen zusammen. »Ich habe aufgehört, ein Krieger zu sein«, sagte er. »Und ich bin ohne Schwert.«

»Bei Lugs langem Arm!« ereiferte sich Ronait. »Es ist nicht auszuhalten mit dir. Da ist eine Schmiede, da gibt es Eisen, da arbeitet ein Schmied – und du sagst, du hast kein Schwert!«

»Ich will nicht weg von dir«, sagte Crithir und schluckte.

»Davon war auch gar nicht die Rede« erwiderte Ronait. »Mein Bogen und ich könnten dir den Rücken freihalten.«

Crithir kannte Ronaits Bogen aus rotem feingemaserten Eibenholz. Noch auf sechzig Schritt trug er die mit welligen Eisenspitzen bewehrten Pfeile ins Ziel. Die Schwert- und Wagenkämpfer der Gälen verachteten den ferntragenden Bogen als unehrenhafte Wehr, die einem Mann keinen Ruhm gewann. Für die Altstämme jedoch, die in den unwegsamen Wildnissen des Landes ihre letzte Zuflucht gefunden hatten, blieb der lautlose Pfeil die wirksamste Waffe, und auch Ronait wußte ihren Bogen mit großer Gewandtheit zu handhaben.

Ronaits Stimme hatte entschlossen geklungen, aber in ihren Augen lag ein Ausdruck, den er sich nicht erklären konnte. Unsicher fragte er: »Würdest du wirklich mit mir kommen?«

»Was soll ich denn noch ohne dich«, meinte sie kläglich, zog ihn mit einer heftigen Bewegung an sich und preßte ihr Gesicht an seine Schulter.

Bei Tagesbeginn stand Crithir in der Schmiede, schaufelte Schlacke in den Korb, half die Schmelzgrube mit Holzkohle und Eisenerzstücken zu beschicken und trat den Blasebalg. Als Ronait mit dem Morgenmus kam und die Männer sich setzten, brachte er seine Bitte vor. »Ich brauche ein Schwert«, sagte er zu Dub. »Würdest du mir eins schmieden?«

Dub griff in die Schüssel, füllte die Hand und schob sich Brei in den Mund. »Ein Schwert willst du«, wiederholte er kauend. »Du gehst weg von hier? Zurück zu deinen Leuten?«

»Nein«, antwortete Crithir. »Ich will an die Küste im Süden, zu den Deisi, die meine Brüder erschlugen.«

»Das ist ein weiter Weg, Junge. Eine gefährliche Sache, die du angreifen willst«, meinte der Schmied. »Abhalten kann ich dich jedoch nicht, denn unversöhntes Blut wird zum Fluch. Aber könnte nicht jemand anderes für dich als Bluträcher eintreten?«

»Ich bin allein übriggeblieben«, entgegnete Crithir. »Doch ich bin ohne Waffen, und am meisten vermisse ich mein Schwert.«

Er beschrieb Dub die harte Schneide, die durchdringende Kraft der Klinge. Die Worte seines Vaters fielen ihm ein. »Es war ein Nordlandschwert«, sagte er. »Aus Eisen, das die Götter jenseits des Meeres auf die Erde bringen.«

»Ich habe von Eisen gehört, das vom Himmel fällt«, nickte Dub. »Aber auch aus dem besten Eisen wird noch kein schneidenhartes Schwert. Die Kunst besteht darin, Eisen so zäh zu machen, daß es zu Stahl wird.« Er wischte den letzten Brei aus der Schüssel, leckte die Finger sauber und klopfte Crithir auf den Rücken. »Du sollst dein Schwert haben, Junge, und es wird nicht schlechter sein als dein altes. Aber ich sehe nicht gern, daß du gehst.«

Er stand auf und reichte Ronait den Eßnapf zurück. »Und was meinst du?« fragte er. »Dir wird es kalt im Haus sein, wenn seine Schlafkuhle leer ist.«

Ronait zögerte und blickte auf ihre Zehen. Dann erklärte sie: »Ich gehe mit Crithir.«

Der Schmied erwiderte nichts, doch Crithir sah, wie es in seinem knolligen, von Ruß und Rauch geschwärzten Gesicht arbeitete. Er stieß Kohlen beiseite, stellte sich an die Esse, zog mit der Flachzange ein glühendes Eisenstück hervor und schlug mit dem Hammer darauf ein. Zwischendurch rief er Crithir zu: »Für ein Schwert, wie du eins haben sollst, brauche ich Vogelmist, da vorn den Kübel voll!«

»Vogeldreck?« schrie Crithir zurück, als habe er nicht richtig verstanden.

»Ja, genau, eine Menge Vogelmist«, bestätigte der Schmied, hielt das erkaltende Eisen prüfend empor und stieß es zurück in die Esse. »Komm, ich zeige dir, was ich meine«, sagte er und ging mit Crithir und Ronait auf den Grasplatz vor die Schmiede. Er suchte und bückte sich nach einer rotbraunen Handschwingenfeder, die ein Bussard verloren hatte, bog ihren Kiel zusammen und ließ ihn vor- und zurückschnellen. »So muß eine Schwertklinge sein«, erklärte er dem Jungen. »Sie soll fest sein und federn. Ich brauche den Mist, weil ich die Kraft der Vögel, die Spannkraft ihrer Flügel ins Eisen bringen will.«

»Drüben am Seeufer gibt es genug davon«, meinte Crithir. »Wann mußt du ihn haben?«

»Wenn wir bald anfangen wollen, sofort«, gab Dub zur Antwort. Er ließ die Feder auf den Hof flattern, sah Ronait an, strich über den Lederschurz und sagte: »Wie mein eigenes Fleisch und Blut warst du mir, seit deine Mutter vor Jahren kam. Jetzt sagst du, daß du mit dem Jungen hier weggehen willst. Sehe ich dich wieder, oder ist es für immer?«

»Ich weiß es noch nicht«, antwortete Ronait, fast ohne die Lippen zu bewegen. »Es ist alles so schnell gegangen.«

Crithir schaute beiseite, fühlte sich schuldig und ausgeschlossen. Er mußte plötzlich an Jaca denken, die Erinnerung an den Abschied von Darine kam zurück.

Mit einem Ruck riß er sich los, rannte ins Haus und suchte Säcke für den Vogelmist.

Als er den Sumpfsee erreichte, war der Tau schon geschmolzen. Schwirrendes Gefieder, zahllose Vogelrufe erfüllten die Luft über den Erlen und Weiden. Gischt sprühte, Flug auf Flug stoben Wolken von Bleßhühnern empor, Wasser stäubte von den Flügeln der Enten, und im laichbrodelnden Schlick stocherten weiße Störche. Seine Säcke unterm Arm, den Fischspeer in der Faust zwängte er sich durchs Uferdickicht. Ein Greifvogel warf sich in den Wind und strich mit einem Küken zwischen seinen Fängen davon. Crithir sah die winzigen Schwimmfüße des Tierchens über dem torfschwarzen Wasser hilflos in der Luft rudern.

Bis in die Mittagszeit kratzte er die kalkweißen Exkremente der Reiher und Kormorane von den Uferbäumen und Steinen. Schon bald brannten seine Schleimhäute von dem beißenden Gestank, und die unaufhörlichen schrillen Warnrufe der Tiere machten ihn rasend, verfolgten ihn von Baum zu Baum, während er die Säcke hinter sich herschleppte und blindlings mit dem Fischspeer um sich stieß. Er trieb sich zur Eile, arbeitete wie besessen, wich Schnabelstößen und Flügelschlägen aus, seine Augen tränten, und die Zunge rieb wie Leder am Gaumen. Als er den zweiten Sack halb voll hatte, fühlte er sich am Ende seiner Kräfte. Japsend schaffte er es bis zum Wasser, warf alles von sich und schwamm in den See hinaus, bis sich die Spannung in der Brust löste und er wieder durchatmen konnte.

Er ließ sich von den flachen Wellen tragen, sah zwischen Seerosen Libellen schillern, schloß auf dem Rücken liegend die Augen und bewegte sich lautlos in dem weichen Wasser. Die Sonne brannte ihm ins Gesicht und füllte seine Augenlider mit rötlichem Licht. Tagträumend stellte er sich vor, mit Ronait unterwegs zu sein. Sie würden Seite an Seite die Ebenen und Bergländer durchqueren, gemeinsam jagen, in den Wäldern nächtigen, beieinander am Feuer wachen. Bilder von jagenden Hufen, schnaubenden Nüstern schoben sich zwischen seine Träume, Wildpferde, die über das Heideland galoppierten. Ob sich die Tiere einfangen, zähmen ließen? Sie brauchten Pferde, um ins Deisiland zu kommen. Ein Name kehrte ins Gedächtnis zurück. Semuine hieß der Mann, der ihm Blutbuße für die Brüder schuldete. Mit dem Schwert würde er vor ihn treten und Semuine zum Kampf auf Tod und Leben fordern. Verwundert merkte Crithir, daß er keine Furcht bei dem Gedanken spürte. Aber seine Muskeln waren plötzlich gespannt, und er hörte das Blut in seinem Kopf ticken. Er warf sich herum und schwamm kraulend dem Ufer entgegen, daß hinter ihm das Wasser in einer langgezogenen Blasenspur verlief.

Auf dem Heimweg stach er Fische und fädelte sie durch die Kiemen auf eine Weidenrute, hängte das Bündel über seine Brust und warf sich die Vogelmistsäcke auf den Rücken. Es war fast zuviel, alles auf einmal zu tragen, die Hitze stach, und seine Knöchel schmerzten. Er setzte zwischendurch ab und betrachtete angeekelt die stinkende Last.

Dub war ein merkwürdiger Mann. Einerseits mochte er ihn,

andererseits fiel es Crithir schwer, mit ihm zu reden, ihn überhaupt anzusprechen. Und wie der Schmied aus Vogeldreck Kraft für ein Schwerteisen ziehen wollte, war ihm völlig rätselhaft. Es mußte dabei zauberische Kraft im Spiel sein. Auf den Speer gestützt stapfte Crithir weiter. Über den Wollpappeln sah er bereits den blassen Rauch des Schmiedefeuers.

Über die Berge nach Muma

Crithir mußte ein zweitesmal hinsehen, erst zweifelnd, ungläubig, dann verwirrt, ehe er den Mann im verschlissenen Gewand erkannte, der ihm neben Ronait auf dem Hof entgegensah. Und auch Oengus brauchte einen Augenblick, bis er begriff, daß dieser bepackte zottelhaarige Junge sein Freund Crithir sein mußte. Sie rührten sich beide nicht, dann ließ Crithir seine Last fallen, Säcke und Fische rutschten auf den Boden, und Oengus stürzte auf ihn zu und platzte heraus: »Bei den Herdgöttern Arans, Crithir, du bist es tatsächlich, du lebst!«
Die beiden fielen sich in die Arme. Sie drückten sich und schlugen einander auf die Schulter, bis Crithir sich schließlich aus der Umarmung löste und Oengus hinter sich her zum Bach zog. Dort riß er sich Kleid und Schenkeltuch vom Leib und patschte ins Wasser. »Ronait«, schrie er, »ohne Seife kriege ich den Gestank nicht ab!« Aber das Mädchen war bereits verschwunden, und er hetzte ins Haus, griff nach dem Seifentopf und war gleich wieder am Bach. »Oengus, nun rede doch endlich. Wie kommst du hierher?« rief er.
»Mir fehlen einfach die Worte«, lachte Oengus. »Stell dir nur vor, ich bin auf der Suche nach einem Toten, und dann finde ich dich, die Haare verschnitten, ein Frauenkleid am Leib und den Fischspeer in der Hand.«
Crithir griff nach seinen Sachen, spülte sie im Bach und bearbeitete den Stoff mit Seife. »Du wirkst auch nicht gerade wie ein Fürst der Arans, so ohne Glanz und Waffen!« neckte er, warf das Hemdkleid über einen Ast und knotete das gewrungene Tuch um die Beine. »Und ein entsetzlich wilder Schnauzbart ist dir gewachsen!«

»Vielleicht sehe ich aus wie ein Senchas«, meinte Oengus, »ein Geschichtenerzähler, der von Hof zu Hof reitet und sich nach alten oder neuen Begebenheiten umhört. Ich sitze mit den Leuten zusammen, unterhalte mich, und wenn ich genug erfahren habe, ziehe ich weiter. Damit bin ich gut durchgekommen, denn ein Senchas ist überall ein gerngesehener Mann.«

Crithir lachte, dann weinte er los, mit langen Schluchzern, und schluckte. »Oengus, du hast nach mir gesucht?«

»Gleich nach der Nacht im Druidenhain bin ich los«, bestätigte ihm der Freund. »Zumindest wollte ich dir den Grabhügel aufwerfen und einen Totenstein pflanzen.«

Er habe sich von seinen Leuten verabschiedet, berichtete er weiter, die, von Larene reich beschenkt, die Straße zum Hafen genommen hatten, wo Brans Schiff auf sie wartete. Er dagegen habe sich aufs Pferd gesetzt und sei durchs Land gereist, in Torf- und Erdhäuser der Kätner gekrochen, mit Fischern über Seen gestakt, habe in den Häusern der Sippenältesten Gastfreundschaft erfahren oder auch nachts mit Hütejungen am Feuer gewacht.

»Aber ich fand nirgends den geringsten Anhaltspunkt«, erzählte er. »Kein Mensch erinnerte sich, von einem Opferhirsch gehört zu haben, an den ein Mann geschmiedet war. Dabei hätte so ein Vorfall die Leute doch beschäftigt! Sie hätten noch nach Jahren davon gesprochen. Ich war enttäuscht, wurde immer niedergeschlagener. Wenn ich wenigstens deinen Schädel gefunden hätte, um ihn auf den Arans zu bestatten! Ich wußte bald nicht mehr, wo ich mich noch umtun sollte. Trotzdem bin ich weiter, und dabei lernte ich das Land kennen, sah seine Menschen mit neuen Augen. Weißt du, es hört sich anders an, ob wir am Königssitz

Steuercumals verteilen oder ob du mit den Viehhirten und Pächtern über ihre Abgaben sprichst. Und es macht einen Unterschied, ob du einen Krieg planst oder dich fragst, wer hinterher die Toten begraben soll.«

Dem Senchas hatten die Zinsbauern ihre Not geklagt, daß die jungadeligen Herren landauf und landab sich einen Sport daraus machten, in fremden Stammesgebieten Siedlungen zu überfallen, Vieh zu rauben und Menschen zu verschleppen. Oengus berichtete von Sklavenmädchen, die in Fesseln und schwanger den Mühlstein drehten. »Es gibt zu viele Menschen mit zuwenig Rechten in Eriu, doch davon singen unsere Barden nicht!« schloß er böse. Er sah eine Weile nachdenklich vor sich hin, sah Crithir wieder an und sagte: »Irgendwie hoffte ich noch immer auf eine Spur von dir. Aber dann gab ich schließlich auf. Ich wollte zurück nach Thomond und von da heim zu den Arans. Es war mir leid um dich, ich trauerte, denn jetzt wußte ich, du warst für immer verschollen. Auf dem Weg durchs Sumpfland hörte ich dann hier in der Nähe den Hammer des Schmieds und traf auf dem Hof seine Tochter.«

»Sie heißt Ronait«, sagte Crithir, »und besorgt ihm das Hauswesen. Seine Tochter ist sie nicht. Hast du sie auch nach dem Hirsch gefragt?«

Oengus schüttelte den Kopf. »Ich kam gar nicht mehr dazu«, sagte er. »Denn dann sah ich dich.«

»Komm«, sagte Crithir. »Du mußt Dub kennenlernen. Er hat mich im Sumpf gefunden. Jetzt erfährst du endlich die Geschichte, nach der du gesucht hast.«

Dub und seine Gehilfen hatten Zange und Hammer beiseite gestellt, das Feuer in der Esse erstickt, und der Schmied schleppte eigenhändig den Bottich mit goldbraunem Heidebier zu der Hofbank. Oengus plauderte, spaßte, stand Rede und Antwort und übernahm wieder die Rolle des Senchas. Er berichtete von Aran, der Höhe über dem Wasser, schilderte die jährlichen Hurlingwettkämpfe, vergaß nicht das Seeungeheuer im Puffloch an der westlichen Steilküste zu erwähnen, erzählte von Druiden, Elfenkälbern und streitbaren Feenhelden, trug Spottverse der Dichter vor und lächelte Ronait zu, die brutzelheiße Lachsstücke auftrug und die Becher nachfüllte.

Das Heidebier löste auch die Zunge des Schmieds. Er schilderte noch einmal, jetzt in breiter Ausführlichkeit, wie er Crithir aus dem Morast gezogen hatte, schickte den Köhlerjungen nach den Ketten, die er vom Hirschgehörn abgemeißelt hatte, und meinte zu Oengus: »Das ist gute Schmiedearbeit. Wer die gemacht hat, versteht sein Handwerk!«

Ronait hatte sich zwischen Dub und Crithir auf die Bank gedrückt. Sie hörte zum erstenmal von den Arans, ihren umbrandeten Küsten und weißen Stränden, ließ sich die Wale beschreiben und lachte laut, als Oengus das kurze Bellen der Robben nachahmte. Zwischendurch führte sie ihren Bogen vor und zeigte, wie sie, den Pfeil zwischen dem ersten und zweiten Finger, die leinengezwirnte Sehne spannte.

Es wurde ein langer Abend, und Crithirs Augen ließen den Freund nicht los. Schon die Art, wie Oengus dasaß, hatte etwas Beruhigendes, brachte so viele Erinnerungen an Vertrautheit und gemeinsam bestandene Gefahren zurück, daß ihm warm wurde vor Glück. Er lehnte an Ronaits Schulter, hörte Oengus zu und dachte an kein Morgen.

Sie tranken und redeten, bis die letzte Fackel heruntergebrannt und der Bierbottich geleert war. Ronait lud Oengus in ihr Haus ein, aber er wollte bei Dub und dessen Leuten nächtigen, umarmte den Freund und ließ sich vom Schmied den Schlafplatz zeigen.

Gleich morgens stand Crithir in der Werkstatt und rührte den Vogelmist mit Wasser an. »Wir haben gestern noch gar nicht davon gesprochen«, sagte er zu Oengus. »Dub schmiedet mir ein neues Schwert. Ich will in den Süden, um von dem Deisi Tötungsbuße zu verlangen, der Colman und Brandub umgebracht hat.«

Oengus zupfte verwirrt an seinem Schnauzbart. »Ich dachte, du gehst mit zu den Arans!« meinte er endlich. »Dein Stamm hat dich verstoßen, du bist ohne Rechte, ein hauptloser Mann, wie die Gesetzeslehrer das nennen. Wie einen herrenlosen Hund kann dich jeder ungesühnt erschlagen. Wie willst du geächtet, rechtlos und allein nach Muma kommen?«

»Ich habe keine andere Wahl, ich muß es versuchen«, verteidigte sich Crithir. »Ruads Schatten läßt mir keine Ruhe, ich muß die Sache in Ordnung bringen. Und ohne Schutz bin ich nicht. Ronait wird mich mit ihrem Bogen begleiten.«

Oengus rührte sich nicht, und Crithir wußte nicht, was er noch weiter vorbringen sollte. Vielleicht hatte der Freund recht mit seiner Warnung. Und er selbst hatte ein schlechtes Gefühl, das Angebot von Oengus auszuschlagen, dem Freund, der wochenlang nach ihm gefahndet hatte, den Rücken zuzukehren. »Oengus«, versuchte er einzulenken, »ich komme später nach. Irgendwie werde ich es schon schaffen. Und bis Dub sein Schwert fertig hat, bleibt uns noch Zeit füreinander.« Er gab sich den Anschein unbekümmerter Zuversicht, aber sein Mund zitterte.

»Ich komme mit«, erklärte Oengus. »Auch wenn ich nicht weiß, ob es richtig ist, was du tust.«

Sie standen einen Augenblick unbeweglich zusammen. Crithir wußte, daß sie beide an die Arans dachten, wo man die Rückkehr von Oengus erwartete, Uisliu seine Anwesenheit brauchte. Aber er versuchte nicht, den Freund umzustimmen. Die Blutsbrüderschaft, die sie einander verpflichtete, war stärker als die Blutsverwandtschaft, die Oengus an Arans Königshaus band.

»Gut, wir gehen also beide nach Muma«, sagte Crithir und nahm sein Rührholz wieder auf. »Wenn ich hier fertig bin, sehen wir, ob Dub Arbeit für uns hat. Ich möchte dabei sein, wenn er mein Schwert schmiedet.«

Sie verbrachten die nächsten Tage in der Schmiede. Dub begutachtete mehrere Eisenbarren, die er gegen Fertigware von einem Wanderhändler erstanden hatte. Aber dann sagte er: »Ich halte mich lieber an mein Mooreisen, denn da kenne ich mich aus.«

Mit seinen Gehilfen packte er die rostbraunen Placken zwischen Holzkohle geschichtet in die Schmelzgrube, ließ einheizen, trennte später das Roheisen von der Schlacke, erhitzte es abermals in der Esse, und dann begann das Aushämmern. Zwischendurch schreckte Dub das Eisen im Vogelmistkübel ab, daß es zischte und stechende Schwaden ausschied. »Das macht Eisen zu Stahl«, erklärte er, stieß es ins Feuer zurück, hämmerte es auf dem Amboß mit dem nächsten weißglühenden Eisenstück zusammen und tauchte es von neuem in den Feuchtmist. So entstand im Lauf von vielen einzelnen Arbeitsgängen nach und nach die Rohform eines Schwertes, das am Ende aus lauter dünnen, ineinandergeschmiedeten Metall-Lagen bestand.

Danach duldete Dub niemand mehr bei sich in der Werkstatt. Er schlief sogar in der Schmiede, verlangte kein Essen und begnügte sich mit einem Wasserkrug an der Tür. Seine Gesellen hatte er dem Köhler geschickt, dem sie beim Holzschlagen zur Hand gehen sollten. Die beiden Freunde stachen Barsche, Forellen, Hechte und Lachse, und Ronait nahm die Fische aus, und hängte sie zum Räuchern übers Herdfeuer.

Als Dub zum erstenmal wieder auf dem Hofplatz erschien, ging er gebückt, und seine Knöchel waren geschwollen. Er hatte das Schwert in einen alten Tuchfetzen gewickelt, ließ sich schwer auf der Hofbank nieder und sagte: »Schafft den Mistkübel aus der Werkstatt. Ich kann den Dreck nicht mehr riechen!«

Die Freunde entleerten den Bottich in die Dungkuhle, kehrten zur Hofbank zurück, und Dub übergab Crithir das Bündel.

Crithir legte es sacht auf die Erde, schlug die Lappen auseinander und mußte mühsam seine Enttäuschung verbergen. Die Waffe sah abstoßend häßlich aus, wies keinerlei Schmuck oder Verzierung auf und wirkte insgesamt grob und unförmig, als stimmten überall die Maße nicht. Er verspürte einen beinahe körperlichen Widerwillen, das Ding überhaupt zu berühren.

»Los, faß an!« drängte Dub ihn. »Sag, wie es sich anfühlt.«

Crithir atmete laut aus und nahm die Waffe mit einem Ruck auf. Erstaunt stellte er fest, wie sicher ihr Griff in seiner Hand lag, und als er um sich hieb, war es, als schnitte das Schwert schwerelos durch die Luft. Behutsam fuhr Crithir mit dem Daumen die Klinge entlang, zuckte zurück, faßte über die Schulter und zog die Schneide über eine Haarsträhne. Fast ohne daß er einen Druck spürte, zerteilte das Schwert die Strähne und schnitt ihm durchs Hemdkleid bis in die Haut.

»Bei den Göttern Arans!« schrie er. »Oengus, sieh dir das an. Ein solches Schwert hast du noch nicht in der Hand gehabt!«

»Gib es mir noch einmal«, befahl der Schmied, senkte das Schwert mit der Spitze auf die Bank und stemmte sich mit beiden Händen übers Griffkreuz. Die Klinge bog langsam durch und schnellte hart zurück, als er losließ.

»Genau wie eine Feder!« staunte Crithir. »Aber wie kann ich so eine Waffe annehmen? Sie sollte einem Heerführer gehören. Er würde sie mit vielen Cumals Gold aufwiegen!«

Dub spuckte verächtlich aus und scharrte mit dem Fuß darüber. »Ein Schmied hat, was er braucht«, sagte er. »Das Schwert ist ein Geschenk. Aber bring mir das Mädchen wieder. Ich habe die Waffe für dich gemacht, damit du Ronait schützen kannst.«

Crithir sah Dub betroffen an.

Der spuckte nochmals aus und deutete mit dem Kinn zu Ronait hinüber. »Sie hat nichts zu schaffen mit dem Blutstreit deiner Sippe«, sagte er »Ronait gehört ins Sumpfland. Sieh zu, daß sie zurückkommt.«

»Laß Crithir in Frieden!« mischte Ronait sich ein. »Er hat mich nicht überredet mitzugehen. Ich habe es ihm angeboten.«

Dub schaute sie unglücklich an. Crithir bemerkte mit einemmal, daß er den Schmied an Körpergröße um mehr als eine Kopfeslänge überragte. Seltsam, es war ihm bisher noch nie aufgefallen. Er suchte nach Worten, um Dub zu versichern, daß er Ronait hüten wolle wie sein Leben. Doch er brachte keinen Laut hervor, und der Schmied war unterdessen zum Haus gegangen. Von der Tür aus rief er zurück: »Fahrt nachher noch Kohlen in die Werkstatt. Und sagt den beiden am Meiler, sie sollen morgen wieder hier bei der Arbeit sein.«

»Ich gehe melken«, sagte Ronait und lief in den Stall.

»Warte auf mich«, rief Crithir, ging zu der Bank und legte das Schwert ab. Er dachte flüchtig daran, daß er jetzt noch Gürtel und Schwerthülle brauchte. Ja, und Pferde mußten sie auftreiben, dann noch für Mäntel und Decken sorgen. Er bückte sich unters Türloch vom Stall und fand Ronait bereits beim Melken. Sie sah nicht auf, als er zu ihr trat.

»Ronait«, sagte er stockend, »Dub tut es weh, wenn du ihn verläßt. Du mußt nicht mitkommen. Jetzt, wo Oengus da ist, bin ich nicht mehr allein.«

Ronait weinte laut auf. Sie ließ ihn stehen und rannte davon. Bei der Tür stieß sie mit Oengus zusammen, drückte sich an ihn und schluchzte: »Ich weiß nicht mehr aus noch ein. Was soll ich denn tun?«

Oengus strich ihr über den Rücken, und als Crithir erschien, sagte er zu ihm: »Du mußt dich entscheiden, sonst kann sie es auch nicht tun.«

»Ich wünsche mir sehr, daß wir zusammenbleiben«, antwortete er.

Oengus ließ Ronait los. Sie ging zu Crithir, nahm seine Hand und sagte: »Ich gehe mit. Und wir sollten bald aufbrechen.« Dann wischte sie sich über die Augen, kehrte zu den Ziegen zurück, stellte den Milchtopf zurecht und melkte weiter.

»Wir holen unsere Schwerter«, schlug Crithir vor. »Ich bin aus der Übung, und jetzt wird es ernst!«

Sie fochten miteinander wie in Sodelbs Kampfring. Nach dem ersten Waffengang tauschten sie die Schwerter. Sie maßen ihre Schwertkunst miteinander, bis ihnen der Schweiß in die Augen lief. »Ich gebe auf«, keuchte Crithir endlich, von Oengus bis zur Atemlosigkeit bedrängt. »Mit Dubs Schwert bist du zu schnell für mich!«

Der Freund ließ den Schwertarm sinken, und sie verglichen ihre Klingen. »Sieh dir Dubs Schwert an«, sagte Oengus. »Es hat keine Schramme bekommen, und die Schneide ist ohne jede Scharte geblieben. Du wirst dir damit Ruhm und Ehre erkämpfen!«

»Nein, Oengus, das ist vorbei«, erwiderte Crithir. »Ich fürchte die Göttin, Morrigans Mißgunst, die mir keinen Siegesruhm gönnt. Wenn wir auf den Arans sind, gehe ich zu den Barden. Du bekommst Dubs Schwert, und ich werde neben deinem Stuhl mit der Harfe sitzen.«

»Du meinst das ernst?« fragte Oengus betroffen.

Crithir bejahte. »Aber unseren Schwur vergesse ich nicht«, fügte er hinzu. »Blutsbrüder bleiben wir auf Tod und Leben.«

Am folgenden Tag gingen die Freunde ins Heideland und kamen nach einer Woche mit vier Pferden zurück. »Schwer war es eigentlich nicht, sie einzufangen«, erzählte Crithir. »Wir haben sie nicht gebändigt, sondern eher überredet.«

Ronait suchte sich eine graue, schmalnasige Stute aus, über deren Hinterhand eine alte Narbe lief. »Und was wird mit deinem Pferd, mit dem du ins Sumpfland kamst?« fragte sie Oengus.

»Dub wird Verwendung dafür haben«, sagte er. »Und das vierte hier läuft als Ersatzpferd mit, wenn sich eins der Tiere den Fuß vertritt.«

Dub, der in jungen Jahren als fahrender Schmied durch die westlichen und südlichen Landesteile gekommen war, beschrieb ihnen den Weg. »Bald nach dem Sumpfland müßt ihr eine Furt über den Sinnan finden«, sagte er. »Es gibt mehrere davon unterhalb von dem See Dergdeirg. Paßt auf, der Handelsmann mit dem Eisen hat gesagt, die Übergänge seien bewacht. Hinter der Furt haltet ihr euch nach Sonnenaufgang und überquert die Zwölf Berge von Eibelinne. Von dort aus müßt ihr euch weiter durchfragen. In der Wildnis findet ihr sicher ein paar von unseren Leuten aus den Altvolksippen. Ronait kann mit ihnen reden.«

Crithir hatte sich Gürtel und Schwerthülle aus Leder geschnitten, und sie legten zusammen, was das Packpferd tragen sollte. Decken, Proviant in Binsenkörben, Käse, Honig, gepökeltes Fleisch, Feuerbohrhölzer und Zunder. Mit dem scheidenden Mond brachen sie auf.

»Achte auf Ronait«, sagte der Schmied, als Crithir vor ihm stand.

»Mehr als auf mein Leben«, versprach Crithir. »Du hast mir das Leben erhalten, und es bleibt in deiner Schuld.«

Ronait war mit den Pfaden zwischen Seen, Sumpfgründen und Rinnsalen vertraut. Sie trafen auf halbvermoderte Knüppelwege, ritten über schwingende Moorböden, wo roter Weiderich blühte, begleiteten Flußläufe und durchwateten schlammige Tümpel und Lachen. Außer zwei Jungen, die in einem Einbaum Netze stellten, begegneten sie keinem Menschen.

Weiter südlich in dem von zahllosen Bodenbuckeln durchzogenen Gelände kannte sich Ronait nicht mehr aus und folgte den versteckten Wegmarken der Sumpfleute in die Richtung der Berge, die linker Hand vor dem Himmelsufer lagen. Die Zeichen führten sie später an einem kleinen See vorbei, in dessen Mitte sie, unter Schwarzerlen und Pappeln verborgen, ein Hausdach entdeckten.

»Ich sehe keinen Bootsplatz«, sagte Crithir. »Wie kommen die Leute zu ihrer Hausinsel?«

»Über einen Zugang unter Wasser«, erklärte Ronait. »Wenn

jemand im Haus ist, können wir nach einer unbewachten Furt über den Sinnan fragen.«

Sie riefen ein paarmal über den See, bekamen aber keine Antwort.

Von da an wurde der Grund schwer und morastig. Der Boden saugte an ihren Füßen, und es begann zu regnen. Flache Schauer wehten über sie weg, strähnige Regenfäden warfen dicke Blasen im Wasser. Plötzlich breitete sich vor ihnen eine langgezogene Moorfläche aus, die mit rostigem Rasenerz besetzt war.

»Ich habe die Wegzeichen verloren«, rief Ronait. »Und hier kommen wir nicht weiter. Drüben bei den Kiefern wird der Boden fest, und wir können erst mal das Ende vom Regen abwarten.«

Als endlich die Wolkenschwaden rissen, stand die Sonne gleißend über ihnen, der Boden rauchte und Libellen trieben zwischen den Rispen und Dolden der Gräser.

Mittags erreichten sie ansteigendes Gelände und stießen zwischen zwei Hügelrücken auf einen Viehtreiberweg, der nach Osten führte. »Das ist unsere Richtung, aber wir bleiben besser seitlich im Gebüsch«, meinte Crithir.

Die beiden anderen nickten. Sie folgten Wildfährten, arbeiteten sich durch Dickicht und sperriges Unterholz, bis sie schließlich aufgaben.

»So geht das nicht«, sagte Oengus. »Wir verbrauchen unsere Kräfte und kommen doch nicht vorwärts. Versuchen wir es höher hangaufwärts, wo das Holz nicht so dicht steht.«

Einem Bachlauf folgend kamen sie in lichteren Wald, in dem sich später eine Talmulde öffnete. Sie beschlossen, die Pferde grasen zu lassen und sich auszuruhen.

Ronait machte sie auf einen Felssturz über der Talenge

aufmerksam. »Von da aus müßte bereits der Sinnan zu sehen sein«, sagte sie.

»Ich gehe«, meldete sich Crithir. »Der Tag ist noch lang, und wir können hier bleiben, essen und schlafen, bevor wir die Furt suchen.«

Aus einer Baumkrone am Klippenrand bemerkte er dann, daß sie den Fluß fast schon erreicht hatten. Jenseits davon erhob sich Bergland, die Sliab Eibelinne, von denen Dub gesprochen hatte. In der davorgelagerten Ebene konnte er keinen Weg, nirgends einen Befestigungsring oder eine Siedlung ausmachen. Außer den endlosen Wolken von Wasservögeln, die über der Niederung und ihren Auwäldern schwärmten, nahm er keine Bewegung in der Landschaft wahr.

Am nächsten Tag stießen sie wieder auf den Viehweg. Diesmal entschieden sie, ihm zu folgen, um leichter voranzukommen. Doch dann vernahmen sie entfernt das Klirren von Rädern, sahen sich an und suchten eilig mit ihren Pferden ein Versteck. Vier Streitwagen fuhren hintereinander vorbei. Auf einem hockten zwei Kampfhunde, die in ihrer Nähe anschlugen. Die Männer achteten nicht darauf, sie unterhielten sich geräuschvoll, riefen einander Scherze zu und trieben ihre Pferde zur Eile an.

»Zu welchem Stamm mögen sie gehören?« fragte Crithir, nachdem die Gespanne außer Sicht waren.

Oengus zuckte die Schultern. »Die Sprache klang wie bei den Leuten von Connachta im Norden. Aber so wichtig ist das nicht. Im Augenblick kämpft in Eriu jeder gegen jeden.«

»Wir sollten den Leuten besser nicht über den Weg kommen«, sagte Ronait und entspannte die Bogensehne. »Vielleicht finden wir flußaufwärts einen anderen Übergang.«

Noch vor Abend erreichten sie das jenseitige Ufer. Der Grund wurde bald fester, so daß sie aufsitzen und reiten konnten, bis tiefer Eichen- und Ulmenwald sie aufnahm. Im Laubschatten war es bereits dämmerig geworden, sie mußten absitzen, zogen aber ihre Pferde weiter, solange das Tageslicht reichte. Der Wald stieg über Grate und Anhöhen immer stärker bergan. Unterhalb eines riesigen Felsmassivs gerieten sie zwischen niedergestürzte Bäume, wo der Wind den Wald auf einer breiten Fläche entwurzelt und abgeknickt hatte. Farne und Springkraut wucherten um die bemoosten Baumleichen, und aus einer flachen Senke sickerte helles Quellwasser. Hier machten sie halt, entluden die Pferde und polsterten sich unter überhängendem Wurzelgeflecht eine Schlafkuhle aus, machten Feuer, aßen und lachten, zufrieden mit dem Tag. Die Eibelinne-Berge waren erreicht, der erste Wegabschnitt lag hinter ihnen.

Sie ließen das Feuer bis in die Asche hinunterbrennen und machten Wachen aus. Die erste fiel auf Crithir. Als er eine Zeitlang im Dunkeln gesessen hatte, kam Ronait, zog eine Decke über ihre Schulter und lehnte sich an ihn.

»Ich muß ständig an den Mann denken, den du zum Kampf fordern willst«, sagte sie. »Als wir damals davon sprachen, war das so weit weg. Jetzt sehe ich dich vor seinem Schwert und bekomme Angst.«

Crithir legte den Arm um sie. Sie horchten auf die Geräusche der Nacht. Ein Kranich trompetete weitab, der Wind raschelte in den Sträuchern, und ihre Pferde schnaubten.

»Wie heißt der Mann bei den Deisi, den du suchst?« fragte sie.

»Semuine«, antwortete er.

»Wie sieht er aus? Ist er stark?« fragte sie.

»Ich kenne nur den Namen«, erklärte Crithir. »Und daß er der Anführer von den Leuten war, die meine Brüder erschlugen.«

»Hast du Angst, wenn du an ihn denkst?« erkundigte sie sich.

»Ich weiß nicht«, sagte er. »Aber es ist anders, wenn es soweit ist. Das haben wir in der Waffenschule gelernt. Und ich glaube an mein Schutzzeichen.«

»Ich habe auch meins mitgenommen«, sagte Ronait. Sie zog einen Beutel zwischen ihren Brüsten hervor und preßte ihn in der Hand. »Sonst habe ich den Anhänger meistens irgendwo bei meinen Sachen liegen, aber diesmal wollte ich ihn bei mir haben.« Sie steckte den Beutel weg und tastete nach seiner Hand. »Wir sind jetzt immer zu dritt und können nicht zueinander sein wie sonst«, sagte sie. »Hast du mit Oengus über uns gesprochen?«

»In den Tagen, als wir die Pferde eingefangen haben«, sagte er. »Für ihn ändert sich durch uns nichts an seiner Freundschaft.«

»Ich liebe dich sehr«, sagte Ronait. »Ich weiß nicht, was ich mit mir anfangen sollte, wenn du nicht wärst.«

Sie umarmten sich, und als Oengus die Wache übernahm, schliefen sie aneinandergeschmiegt in der Wurzelkuhle ein.

Der Aufstieg ins Gebirge begann morgens mit böigen Winden aus Südosten. Luftstöße schüttelten die Bäume und fetzten totes Holz von den Stämmen. Die Pferde scheuten, stiegen auf die Hinterbeine, das Packpferd riß sich los, und Ronait konnte es gerade noch unter einen Felsüberhang ziehen, bevor es den Hang hinabrutschte. Als die Freunde sie erreichten, entlud sich das Wetter mit Regenfluten, Blitzen und unaufhörlichen Donnerschlägen, die von Wand zu Wand in den Schluchten dröhnend widerhallten.

»Das ist anders als auf den Arans!« schrie Crithir. »Da ziehen die Gewitter über die Insel hinweg, hier aber bleiben sie an den Bergen hängen.«

Als der Wind nach Nordwest umsprang, schien sich die Luft in Regen aufzulösen. Abgerissene Blätter und Äste, Erdklumpen, Farn und Gestein schossen mit den Fluten über sie weg ins Tal, daß sie wie hinter einem Wasserfall gefangen waren. Triefende Nässe hüllte sie ein, die Pferde schüttelten sich, stampften, warfen ihre Köpfe hoch, und sie hatten Mühe, die Tiere durch Zureden ruhig zu halten, bis sie ihren Unterschlupf wieder verlassen konnten.

Das Gelände zehrte an ihren Kräften. Die Pferde hatten Kluft um Kluft zu überwinden, damit sie schrittweise an Höhe gewannen. Wer den Eibelinns den Beinamen »Zwölf Berge« gegeben hatte, mußte sich einen schlechten Scherz erlaubt haben, dachte Crithir erbittert. Immer wieder verstellten dichtbeholzte, unzugängliche Klippen, steile Schroffen und Grate die Sicht, verschüttete Bergwasser die Pfade, und in den Hochlagen zwangen Sumpf und Morast zu ermüdenden Umwegen.

Dann spürte Ronait eine Wegmarke der Altstämme auf. Ein winziger Trittweg brachte sie zu einer Moorfläche mit einer Gruppe von kleinen Seen. Sie hielten sich an einen Knüppeldamm und entdeckten bald darauf mehrere Rieddächer, aus denen der Rauch von Herdfeuern zog. Ronait schrie ein paar Worte übers Wasser. Im Türloch der nächstgelegenen Hütte erschien eine Frau. Sie hielt ein Kind im Arm, und Crithir bemerkte, daß sie schwanger war. Dann tauchte neben ihr ein Mann auf, musterte die Fremden und ihre Pferde, rief einen Gruß, watete durchs Moor und wies ihnen einen Platz auf einer Grasinsel, wo sie ihre Tiere lassen konnten.

Die Hausfrau hatte bereits das Feuer geschürt und den Kessel darübergehängt. Erleichtert und dankbar ließen sie sich auf dem mit Wildfellen ausgelegten Boden nieder. Das reiche Ohrgehänge der Frau, der kunstvolle Gravurschmuck auf den langen gewellten Speerblättern neben den Eiben- und Eschenbogen zeugten von Wohlstand. In der abweisenden Einöde wirkten die Kostbarkeiten seltsam unwirklich, aber das Feuer tat gut, verbreitete wohlige Wärme, und der Empfang durch die Hausleute war zuvorkommend und aufmerksam.

»Fréunde sind willkommen«, sagte der Mann, als Ronait für die Bewirtung dankte. Er brachte Haselmet und entschuldigte sich für den bitteren Geschmack. »Es ist der Rest vom Vorjahr«, erklärte er.

Seine Frau stellte ihnen den Herdkessel zwischen die Füße. Die heiße, in Fischsoße aufgekochte Grütze schmeckte nach Knöterich und Leinsamen.

Während sie aßen, kamen zwei Männer aus den umliegenden Inselhütten dazu und betrachteten die Fremden.

»Wie habt ihr zu uns gefunden?« erkundigte sich der Hausmann.

»Wir sind den Zeichen gefolgt«, antwortete Ronait.

Der Mann nickte. »Ihr seid Leute aus unserem Volk«, sagte er zu Ronait und Crithir. »Ihr seht euch ähnlich. Seid ihr aus einer Sippe?«

»Nein«, entgegnete der Junge. »Ich bin aus den Bergen von Thomond, und Ronait kommt aus dem Sumpfland am Sinnan. Ich heiße Crithir, und das ist Oengus, unser Freund von den Arans.«

»Das ist weit weg«, sagte der Mann. »Fast bei den westlichen Inseln. Ich bin Cuinn.«

Er ließ sich neben der Tür auf dem Boden nieder und nahm sich eine Schnitzarbeit vor, die er offenbar bei ihrem Kommen beiseitegelegt hatte.

Das Kind krabbelte zu ihm und versuchte sich an seiner Schulter hochzuziehen. »Komm«, sagte Cuinn, trennte sich wieder von Messer und Holz und setzte das Kleine auf seine Schultern.

»Und wohin wollt ihr über die Berge?« fragte er.

»An die Küste, zu den Deisi«, gab Crithir Auskunft. »Einer von ihnen hat meine Brüder erschlagen.«

»Das sind schlimme Zeiten«, murmelte Cuinns Nachbar und schüttelte den Kopf. »Bartlose Jungen wie dich ließ man früher Ziegen hüten.«

»Könnt ihr uns den Weg durch das Gebirge beschreiben?« fragte Ronait. »Und wißt ihr, wo die Deisi ihre Wohnsitze haben?«

»Über die Berge kommt ihr leicht, wenn ihr erstmal die Richtung habt«, sagte Cuinn. »Ihr geht den Wegmarken nach, die euch hangabwärts durch die Wälder führen, bis sie an einem Bachlauf enden. Dem folgt ihr weiter. Er fließt der Ebene zu, die sich an dem Fuß der Eibelinns nach Osten und Süden öffnet.«

»Die Flußgründe um den Siuir sind unser Stammland«, erklärte Cuinns Frau. »Von altersher ist unser Volk dort ansässig gewesen. Unsere Nachbarn waren die Stämme der Muscraige, mit denen wir uns in den Besitz des Landes teilten. Es ging uns gut, die Herden waren fett, das Land gab im Überfluß seine Frucht. Dann überfiel uns Conall Corc, der Räuber aus dem Pictenland. Nur wenige aus unserem Volk konnten entkommen. Seitdem fristen wir kümmerlich unser Leben in den Bergen.«

»Ich habe vom Land der Picten noch nichts gehört«, sagte Oengus. »Wo liegt es?«

»Jenseits der östlichen See«, antwortete Cuinn. »Conall Corc kam mit einer großen Schiffszahl übers Meer und brachte Männer, Waffen, Pferde und Streitwagen an Land. Wir haben gekämpft, doch so einer Übermacht konnten wir nicht standhalten. Heute ist Conall Corc der mächtigste Mann von ganz Muma. Am Siuirfluß, in den Wäldern, in denen wir unsere Schweine zur Mast hielten, hat er sich eine Bergfestung gebaut. Von dort aus überwacht er die Grenzen des Landes, das uns einst gehörte.«

»Die Deisi, nach denen ihr fragt, haben sich dem fremdländischen Mann freiwillig unterworfen«, fügte die Frau hinzu. »Sie zahlen Tribut, stellen Geiseln und leisten Conall Corc Beistandspflichten. Aber das ist ihm nicht genug. Er will auch noch das Stammland der Deisi an sich bringen und drängt sie, woanders neu zu siedeln.«

Crithir stieß Oengus an.

»Verstehst du, was das heißt? Die Deisi, die in Thomond einfallen, haben einen Hintermann. Diesen Conall Corc, der ihnen befiehlt, Thomond zu ihrem Schwertland zu machen. Handlanger und Helfershelfer haben meine Brüder umgebracht! Ruad hat recht, daß er mich drängt, ihren Tod zu sühnen.«

Im Lauf des Nachmittags füllte sich Cuinns Haus weiter mit Leuten aus den umliegenden Moorhütten. Eine Rohrflöte spielte, und gelegentlich fielen einzelne Stimmen ein und begleiteten die Melodien mit sanften, klagenden Liedern. Ronait half Cuinn, mit einem erhitzten Stein Schilfrohr für seine Pfeilschäfte geradezuziehen, und Oengus hörte nachdenklich zwei alten Männern zu. Als die Nachbarn gegangen waren, setzte er sich zu Cuinns Hausfrau und erzählte von den Arans, während sie ihr Kind stillte.

Am Abend sah Crithir noch einmal nach den Pferden. Es war inzwischen dunkel geworden, und als er wieder ins Haus kam, lagen schon die Schlafmatten bereit.

Um Kopf und Lanze

»Hinter euch, der Berg über den anderen, das ist der
›Wächterberg‹, wie wir ihn nennen«, erklärte Cuinn am
nächsten Morgen, als sie aufbruchbereit bei den Pferden
standen. »Seine Höhe behaltet ihr im Rücken. Vor euch seht
ihr den ›Berg der Mutter‹. Auf ihm verehren wir Ana, die
Herrin und Mutterfrau unseres Volkes. Unterhalb des Gip-
fels folgt ihr den Wegmarken bis an den Bach, von dem wir
sprachen. Wenn ihr das Flachland erreicht habt, liegt südlich,
etwa einen Tageweg entfernt, ein Bergstock, der aus der
Ebene aufsteigt. An seinem Fuß haltet ihr euch in Sonnenauf-
gangsrichtung. Einen halben Tag später erreicht ihr das
Küstenland.«
Zwischen dem Siuir und der Küste betraten sie das Stammesgebiet der Deisi. Daß Semuine ein namhafter Fürst war,
hatten sie bereits von Viehtreibern an einer Furt erfahren.
Jetzt sahen sie, daß Semuine auch fürstlich wohnte. Von
einer Anhöhe aus konnten sie sein Gehöft überschauen,
dessen dreifache Pfahlzaunringwälle eine weiträumige, hoch-
gebaute Halle sowie mehrere Einzelhäuser umschlossen. Auf
dem Grasplatz vor den Toren waren Sklaven beschäftigt,
Pferde zu striegeln und Wagen zu säubern. Mägde trugen
vom Bachlauf Wasser herbei. Am anderen Ende der Grün-
fläche übte eine Hurlingmannschaft. Die Freunde sahen
anerkennend zu, da unten lief ein gutes Spiel. Der Ball fegte
über den Platz, und sie konnten die trockenen Anschläge bis
hinauf zu ihrem Ausguck hören.
»Du solltest die Deisi nicht unterschätzen«, meinte Oengus
zu Crithir, der den Grasplatz nicht aus den Augen ließ. »Noch
kannst du zurück.«

Crithir rührte sich nicht. Dann sagte er: »Jetzt bin ich hier. Umkehren werde ich, wenn getan ist, was ich tun muß.«

Unterdessen war auch Ronait dazugekommen, hielt ihr Pferd am Halfter und wartete stumm. Nahbei ließ sich eine Krähe auf einem toten Ast nieder, schüttelte die Federn lose und schaute erst mit dem einen, dann mit dem anderen Auge nach ihnen. Crithir deutete mit dem Kopf auf sie und sagte: »Es wird Zeit. Morrigan schickt ihre Botin. Was habt ihr vor, wenn Semuine mich tötet?«

Oengus antwortete: »Mich und dich bindet der Schwur. Ich bin sein zweiter Gegner.«

»Und ich der dritte«, sagte Ronait.

»Dann muß ich sehen, daß ich es als erster schaffe«, meinte Crithir.

Wider Willen mußten alle drei lachen. Die Spannung löste sich, und Crithir sprang auf sein Pferd und rief: »Auf, wir wollen es hinter uns bringen!« Er legte sich über den Pferdehals und schnalzte. »Los, zeig ihnen, was ein Wildpferd ist!« Das Pferd schoß los und stob den Hang hinab. Crithir brachte es vor dem Ringwalltor so hart zum Stehen, daß ihm der Kopf hochflog. Noch ehe Oengus und Ronait ihn erreicht hatten, war er abgesprungen, zum nächsten Streitwagen gerannt, riß eine hintere Stützstange aus der Halterung, lief damit zum Kampfpfosten am Tor und hieb mit aller Wucht gegen das Holz. Die Frauen am Bach setzten ihr Jochholz ab, die Männer bei den Wagen und Pferden fuhren auf und reckten die Hälse. Crithir holte abermals aus, der Schlag dröhnte hallend über den ganzen Platz. Er sah die Hurlingspieler herbeistürmen und schlug ein drittesmal zu.

»Ich fordere Semuine zum Zweikampf«, rief er. »Hier steht Crithir, der Sohn Ruads, vom Stamm der Corco Mruad.« Er ließ die Wagenstange fallen, winkte Oengus und Ronait zu und ging, ohne sich umzusehen, auf die Einfahrt zu.

Ein grauhaariger Mann, die Hand am Schwertknauf, holte ihn ein, als er fast schon die Walltorbrücke überquert hatte. »Ich bringe dich zum Fürsten«, sagte er. »Hoffentlich weißt du auch, was du tust!«

Der Lärm von draußen war offenbar nicht bis in die Halle gedrungen. Männer und Frauen lagen beim Bier und saßen an ihren Spielbrettern. Jongleure hantierten mit fliegenden Messern, Harfner und Liedermacher unterhielten die Gäste.

Oengus und Ronait blieben im Eingang stehen, während Crithir seinem Begleiter zu den erhöhten Ehrensitzen folgte.

»Herr, dieser Fremde hat die Kampfstange vor deinem Haus angeschlagen«, meldete der Graukopf einem Mann mit breitem Gesicht und krausem Haar. Dann trat er beiseite und sagte: »Du stehst vor Semuine, dem Fürsten. Bring deine Sache vor!«

In der Halle verebbte der Lärm, Oengus und Ronait kamen herbei, Frauen und Männer sprangen von ihren Sitzen und Liegen.

»Ich bin der Sohn Ruads«, sagte Crithir, hob das Kinn und blickte dem Deisi in die Augen. »Ich fordere dein Blut.«

Semuine blieb vor dem Fidchellbrett sitzen und betrachtete Crithir ohne Bewegung. »Und warum soll ich mit dir kämpfen?«

»Du hast Brandub und Colman, Ruads Söhne, meine Brüder umgebracht. Dafür verlange ich Schwertblut von dir.«

»Sohn Ruads, mein Schwert würde dein Ende sein«, sagte der Deisi und setzte sich aufrecht. »Deine Brüder habe ich dem Sumpf übergeben, und deines Vaters Kopf liegt bei mir in der Schüssel.«

»Die Brüder magst du besiegt haben, wenn vielleicht auch nur mit List. Aber ein Recht auf meines Vaters Kopf hast du nicht«, sagte Crithir heiser.

»Und wieso nicht?« fragte Semuine und lachte laut.

»Weil Ruad durch mich zu Tod gekommen ist. Statt einen von deinen Leuten hat mein Speer ihn getroffen.«

»Um so schlimmer für dich«, sagte Semuine. »Aber das macht keinen Unterschied. Lebendig davongekommen wäre Ruad sowieso nicht. Jedenfalls habe ich seinen Kopf im Salz, um Larene, deinen Onkel, daran zu erinnern, daß er mir Tribut und Geiseln schuldet.«

»Larene wird dir keinen Cumal zahlen«, schnaubte Crithir böse. »Da kannst du lange warten!«

»Aber so ist es ausgemacht, mein Junge«, erklärte Semuine in aller Ruhe und stützte sich auf den Ellbogen. »Dein Onkel ist ein weitblickender Mann. Ihm ist klar, daß sich die Corco Mruad nicht aus dem Streit der Großen heraushalten können. Also haben wir beide uns im voraus geeinigt. Ruads Tod war zwischen ihm und mir beschlossen, noch bevor sich unsere Heere trafen.«

»Du lügst«, fauchte Crithir den Deisifürsten an.

»Auch wenn es dir nicht paßt, es ist so«, sagte Semuine nachlässig. »Jeder hat gekriegt, was er wollte. Larene den Platz deines Vaters, die Deisi ein Abkommen über Siedlungsland in Thomond.«

»Alles war vorher abgesprochen?« fragte Crithir entgeistert.

»Gewiß doch, mein Junge«, bestätigte der Deisi belustigt. »Auch Ort und Zeit der Schlacht. Ich sagte dir ja, dein Onkel ist ein umsichtiger Mann. Der überläßt nichts dem Zufall. Im Sumpf liegen noch die Knüppeldämme der Corco Baiscind, die euch in den Rücken fielen. Ruad war in die Falle gegangen. Du siehst, es hätte deines Speeres nicht bedurft. Trotzdem kannst du ihn wiederhaben. Er liegt bei Ruads Kopf.«

Crithirs Ohren dröhnten. »Ich habe genug gehört«, stieß er hervor. »Steh auf, laß dir dein Schwert bringen. Jetzt schuldest du mir dreifache Todesbuße!«

Semuine erhob sich und war mit einemmal nicht mehr der lässige Spieler, sondern ein wuchtiger, muskelbeladener Mann von fürstlicher Erscheinung.

»Geh mir aus den Augen«, sagte er in einem Ton, der klarstellte, daß er nicht wünschte, in dieser Sache noch länger belästigt zu werden. »Mit unbärtigen Jungen messe ich mich nicht.«

Crithir starrte böse zurück und sagte drohend: »Du nimmst jetzt dein Schwert, oder ich setze mich vor dein Haus und faste und bringe Schande über dich!«

»Du kannst anstellen, was du willst, ich lasse mich nicht von dir nötigen«, schrie Semuine aufgebracht.

Crithir drehte sich mit einem Ruck um. Vor seinen Augen flimmerte es, undeutlich sah er sich einer Wand von Gesichtern gegenüber, die ihn stumm fixierten. »Ihr alle seid Zeugen«, rief er. »Ich habe den Kampfpfosten geschlagen und Tötungsbuße verlangt, doch Semuine verwehrt mir mein Recht!«

Er ging an Ronait und Oengus vorbei, vor ihm teilte sich die Menge, und er verließ die Halle. Hinter ihm brach der Lärm los, verfolgte ihn bis ans äußere Tor. Bei den Pferden auf dem Grasplatz wartete er auf die Freunde und sagte: »Ihr müßt sehen, wo ihr bleibt. Seht nach den Tieren und haltet sie in der Nähe. Wir müssen sie in Reichweite haben, wenn wir sie plötzlich brauchen.«

»Crithir, laß uns wegreiten!« drängte Ronait. »Du kannst dem Mann nicht trauen. Wenn du vor seinem Haus sitzt, schickt er Leute, die dich töten.«

»Das wird er nicht tun«, widersprach Oengus. »Es ist das Recht von jedem waffenfähigen Mann, durch Fasten vor der Tür eines anderen seine Sache einzuklagen. Wenn Semuine nicht reagiert, verliert er sein Gesicht. Dann gilt er in ganz Eriu nicht mehr als rechtsfähig. So sagen es unsere Gesetze.«

Crithir nickte und sagte: »Ich gehe jetzt an meinen Platz!«

»Zu dir setzen können wir uns nicht«, meinte Oengus. »Ronait und mir schuldet Semuine nichts. Aber wir bleiben in deiner Nähe.«

Die Ankündigung Crithirs hatte sich inzwischen auch draußen am Tor herumgesprochen. Sklavinnen und Mägde blieben stehen, die Hurlingspieler redeten laut aufeinander ein und zeigten auf ihn, und mehrere Gäste aus der Halle kamen, um zu sehen, ob Crithir seine Drohung wahrgemacht hatte. Doch keiner versuchte ihn anzusprechen, und auch Semuine erschien nicht. Crithir lehnte sich gegen das Holz des Kampfpfostens, verschloß die Ohren und überließ sich seinen Gedanken.

Larene also, sein Name war der Schlüssel zu allem. Crithir fielen die Söldner ein, mit denen sich sein Onkel umgeben hatte, er dachte an die Kundschafter, die täglich in Larenes Gehöft eintrafen, und erinnerte sich wieder, wie gelassen Larene gewirkt hatte, als Oengus und er zum Aufbruch gedrängt hatten. Alles paßte, ergab zusammen ein klares Bild. Der Verrat war von langer Hand vorbereitet gewesen.

Ohne sich zu rühren, blickte er aus den Augenwinkeln zu den Freunden hinüber. Oengus hatte sich mit Ronait rechts von ihm am Wallgraben niedergelassen. Sie spielten Würfel, und

Crithir sah, daß sie von dort aus seinen Platz am Kampfpfosten im Auge behalten konnten. Ich habe die Verantwortung für sie, sagte er sich. Semuine ist mir an Kraft überlegen, ich kann mir keine falsche Bewegung leisten.

Ein Kämpfer muß leicht sein, hatte Sodelb ihm immer wieder eingeschärft, laß dich nicht von deiner Wut beschweren, sonst reagierst du falsch.

Crithir schloß die Augen und zwang sich, langsam und tief zu atmen. Allmählich wurde er ruhiger, saß reglos da und wartete, ohne die Zeit zu merken, die verstrich.

Als er die Augen wieder aufmachte, war es mittlerweile finster geworden, hoch im Süden stand der erste Viertelmond. Der Junge schaute zu seinen Freunden hinüber. Ronait und Oengus hatten sich unter ihre Decken gelegt, und er hörte ihre verhaltenen Stimmen.

Zweimal im Lauf der Nacht kamen Wachen und leuchteten ihm mit Fackeln ins Gesicht. Er blinzelte nicht.

Später kam Wind auf, die Nacht verdunkelte sich, und in der Ferne gingen Gewitter nieder. Erst in der Morgenfrühe dachte Crithir an den bevorstehenden Waffengang. Er sah sich und Semuine einander gegenübertreten und konnte wie losgelöst von sich selbst den Kämpfenden zusehen, ohne daß sein Atem schneller ging. Er war bereit.

Mit dem ersten Hahnenschrei erwachte der Hof zum Leben. Ronait und Oengus setzten sich auf und spähten zu ihm hinüber. Er lächelte ihnen zu. Dann stieg die Sonne glührot empor und strahlte ihm blendend ins Gesicht.

Zeitig am Tag erschien der Deisifürst mit seinem Gefolge. Semuine schritt an dem Kampfpfosten vorbei, als gäbe es den Jungen nicht, rief nach Pferd und Wagen und ratterte die Straße hinab. Oengus ging zu den Heidepferden, und Ronait wusch sich im Bach und brachte dem Jungen aus einer Flasche zu trinken. Im Gehöft blieb es seltsam still. Die Geräusche klangen gedämpft, als gingen die Leute zwischen den Häusern auf Zehenspitzen. Zwei Sklavenmädchen, die mit baumelnden Eimern am Jochholz zum Wasser liefen, warfen Crithir scheue Blicke zu und gingen durchs nasse Gras stumm an ihm vorbei.

Noch im Lauf des zeitigen Vormittags war Semuine zurück. Mehrere Wagen und ein Trupp Berittener begleiteten ihn. Semuines Gespann fuhr scharf, die mit weißer Bronze beschlagenen Räder sirrten, zwei breithufige, hochflankige Pferde streckten sich neben der Deichsel. Der Wagenlenker, ein junger, schmuckglitzernder Mann, stachelte sie weiter an. Semuine, mit einem fließenden blauen Schultermantel bekleidet, fiel dem Fahrer in die Zügel und jagte die Pferde als Zeichen der Verwünschung in einer harten Linkskehre an Crithir vorbei.

Aus der Toreinfahrt kamen Leute gelaufen, und in kurzer Zeit füllte sich der Grasplatz mit einem wimmelnden Durcheinander von Menschen, Wagen, Hunden und Pferden. Oengus und Ronait drängten sich durch die Menge und stellten sich zu ihm.

Dann erschien Semuine. Er blieb vor Crithir stehen, wies auf einen glattrasierten Mann und sagte: »Das ist der Ollam, der Rechtswahrer. Erkennst du ihn an?«

Crithir erhob sich. Er musterte den Ollam, der als Zeichen seiner Amtswürde einen goldenen Zweig am Gewand trug, und sagte: »Ich bin einverstanden, er mag zwischen uns stehen.«

Der Ollam fragte den Jungen: »Du hast deine Tabus und bist ein Krieger?«

»Ja«, antwortete er und wies auf Oengus. »Mein Freund kann es bezeugen.«

Semuine fiel ihm ins Wort und sagte: »Er ist waffenerfahren. Hier sind zwei Leute, die ihn in der Schlacht gesehen und gestern wiedererkannt haben.« Dann wandte er sich an Crithir. »Ich unterschätze dich nicht, ich habe erfahren, wie gefährlich du bist.«

»Als Herausforderer steht dir das Recht auf Waffenwahl zu«, belehrte der Ollam den Jungen.

»Das Schwert soll zwischen uns entscheiden«, verlangte Crithir.

»Nimmst du an?« fragte Ollam den Fürsten. Der nickte.

»Was forderst du als Kampfbürgschaft?« fuhr der Ollam fort.

»Den Kopf meines Vaters, den Speer, der ihn tötete, und einen Tag Vorsprung«, sagte Crithir.

Semuine erklärte sich einverstanden.

»Und was forderst du von ihm?« fragte der Ollam ihn.

»Was hast du zu geben?« fragte Semuine.

»Mein Schwert, mein Pferd?« fragte Crithir.

Semuine lachte. Der Ollam belehrte den Jungen: »Das genügt nicht. Diese Dinge gehören Semuine ohnehin, wenn er den Kampf besteht. Was kannst du dazutun?«

»Ich trete in die Kampfbürgschaft ein«, rief Oengus. »Mit meinem Leben, mit meinem Besitz. Wir sind Blutsfreunde.«

»Und wer bist du?« wollte der Ollam wissen.

»Ich bin Oengus, der Sohn von Uisliu, dem König der Arans«, antwortete er.

»Das genügt mir«, erklärte Semuine.

»Damit sind alle Fragen geklärt«, stellte der Ollam fest. »Oder hat einer von euch beiden noch etwas vorzubringen?«

»Ich möchte, daß der Kopf meines Vaters zum Kampfplatz

gebracht wird und der Speer, und daß unsere Pferde bereitstehen sollen«, verlangte Crithir.

»Läßt du das gelten?« wandte sich der Ollam an den Deisi. Der zuckte die Schultern.

»Also, es ist gewährt«, sagte der Ollam. »Und wann soll der Kampf ausgetragen werden?«

»Jetzt«, antwortete Crithir.

»Nimmst du an?« fragte der Ollam.

»Ja«, bestätigte Semuine. »Mein Schwert, meinen Schild«, befahl er seinem Waffenträger. Der Mann rannte los, und Crithir rief ihm nach: »Denk an Ruads Kopf und den Speer! Ich will sie auf dem Kampfplatz sehen.«

»Hast du deine Waffen bereit?« fragte der Ollam weiter.

»Mir fehlt ein Schild«, sagte Crithir.

»Er kann einen von meinen haben«, knurrte Semuine.

»Willst du ihn dir aussuchen?« erkundigte sich der Ollam.

»Tu du es, Oengus«, sagte Crithir. »Und du, Ronait, lauf zu den Pferden und bring sie in die Nähe.«

Semuine ging ihnen voran zum Ende vom Platz. »Ich schlage diese Stelle vor«, meinte er zum Ollam.

Der prüfte den Boden, sah nach der Sonnenhöhe und dem Schattenstand der Bäume und fragte Crithir: »Ist es dir recht?«

»Ja«, antwortete er.

Abwartend standen Crithir und der Deisi einander gegenüber. Leute vom Hof und Gefolge Semuines drängten sich in ihrer Nähe, und der Ollam konnte die Schaulustigen nur mühsam bewegen, ihnen mehr Raum zu geben, Kinder quetschten sich unter die Erwachsenen, Frauen stiegen den Männern auf die Schultern. Crithir reckte sich auf die Zehenspitzen und sah, daß Ronait die Pferde eingefangen und am Straßenrand festgebunden hatte. Jetzt zwängte sie sich durch die Zuschauer, und Crithir bemerkte, daß ihr Gesicht weiß vor Anspannung war.

Semuines Wagenlenker erschien mit Schild und Schwert seines Herrn, gefolgt von einem Sklaven, der Crithirs Speer und ein Gefäß herbeitrug. Der Mann stellte die Schüssel im Kampfkreis ab, und Crithir griff sich unwillkürlich an den Hals. Ruads Kopf, die Haut über den Schädelknochen zu einer Maske von Falten verzogen, lag vor ihm in braunem Salz. Die Augen waren geschlossen, die trockenen Lippen halb geöffnet, der Bart stach beschmutzt in die Luft. Crithir biß sich auf die Zunge, um nicht loszuschreien.

Plötzlich tauchte Oengus neben ihm auf, stieß ihn an und drückte ihm einen Buckelschild in die Hände. »Nimm dich in acht!« raunte er. »Semuine hat Sodelbs Schwert.«

Crithir wies mit dem Kinn auf die Schüssel: »Tu das weg!« sagte er, kaum fähig zu sprechen. Oengus nickte, bückte sich und ging mit Kopf und Speer zum Bachlauf, der den Platz beschloß.

Crithir atmete laut aus und faßte den Gegner ins Auge, der bereits breitbeinig Aufstellung genommen hatte. Am linken Arm hielt Semuine einen prachtvollen, bronzeverzierten Schild, dessen wulstiger Rand mit bunten Steinen besetzt war. Der Deisi lockerte die Schultern und ließ das Schwert kreuzweise durch die Luft zischen. Crithir erkannte seine Waffe an der Klinge und am Griffkreuz. Oengus hatte recht, es war das Nordlandschwert, das er auf dem Schlachtfeld von sich geworfen hatte.

»Du hältst mein Schwert in deiner Hand!« rief er dem Deisifürsten zu.

»Dein Schwert?« sagte Semuine überrascht. Dann lachte er.

»Es ist Beutegut. Wie es schneidet, wirst du heute am eigenen Leib spüren!«

»Ich bin bereit«, meldete Crithir dem Ollam und nahm den Schild auf. Die Riemen lagen fest am Arm und sicher im Griff. Oengus hatte gut gewählt.

Auf ein Zeichen des Ollams hoben sie ihre Schilde, und der Zweikampf begann. Sie beäugten sich über ihrem Körperschutz, bis Semuine zu einem Hieb ansetzte. Noch während er ausholte, begegnete Crithirs Schwert dem seinen und schlug es zur Seite. Der Deisi wich einen winzigen Schritt zurück, prüfte mit plötzlichen Ausfällen und langer Parade die Kraft und die Waffenfertigkeit des Gegners und hielt Crithir auf Entfernung.

Nach einem langen Schlagabtausch schnellten die Gegner mit einemmal aufeinander zu. Ihre Schilde dröhnten, und verbissen kämpften sie dicht aneinandergedrängt, bis Crithir unvermittelt aus der Verklammerung sprang. Er empfing den Deisi, der ihm nachstolperte, mit einem Schlag, der den Wulst von Semuines Schild aufbrach. Der Deisi rammte Crithirs Körperschutz und bedrängte ihn mit einem Hagel von harten, kurzen Streichen, daß die Leute in der Runde Beifall klatschten. Einzig Dubs Schwert war es zu verdanken, daß Crithir den Überfällen des Nordlandschwerts standhalten konnte. Ein Hieb ratschte über seine Kopfhaut, riß eine Wunde und landete in seinem Ohr, das sofort heftig zu bluten begann.

Semuine hatte seine Augen überall, und Crithir fand keine Möglichkeit, seine Deckung zu durchstoßen. Seit der Deisi das Blut des Gegners gesehen hatte, fielen seine Schläge noch schneller. Er drängte auf Entscheidung. Das Nordlandschwert und Dubs Klinge wirbelten umeinander, maßen die

Kunst zweier Schmiedemeister, die einander nicht nach-standen.

Crithirs Augen brannten, Schritt für Schritt begann er den langen Hieben des Nordlandschwerts zu weichen. Semuine stieß mächtige Kampfschreie aus, die sich zu einem regel-rechten Geheul steigerten. Sein Schwerteisen trieb spitze Funken aus Crithirs Schild, und abermals gelang ihm ein Schlag, der den Jungen verletzte, in seinen Schwertarm drang und eine scharfe Blutspur hinterließ. Die Zuschauer schrien, Crithir hackte mit aller Gewalt Dubs Schwert in die Scharte von Semuines Prachtschild. Der Stahl riß Holz, Leder und Bronze auf und fuhr in den Arm des Deisi, durch Haut, Fleisch und Blut bis auf den Knochen. Semuine stieß einen schrillen Schmerzensruf aus und rächte seine Wunde mit prasselnden Streichen.

Crithir blieb in der Verteidigung. Mit seinem Buckelschild kam er dem Ansturm zuvor, duckte sich weg und versuchte den Deisi ins Leere laufen zu lassen. Seine Muskeln im Schildarm begannen zu ziehen, ein Krampf zerrte in der Hand. Mit einem Ruck befreite er den Arm aus den Gurten und wuchtete seinen Schild mit dem Rand nach vorn in Semuines Gesicht. Er sah die fassungslosen Augen, die bluttriefende Nase und drang mit dem Schwert hinterher. Die Füße des Deisi schienen ihren Halt zu verlieren, seine Waffe lahmte, als sei sie plötzlich zu schwer geworden. Crithir schnellte in die Luft, stach im Sprung von oben zu und versetzte dem Gegner die Todeswunde. Ein Schwall Blut stürzte aus Semuines Hals, er drehte sich langsam um sich selbst, knickte in der Hüfte ein und schlug ins zertretene Gras.

Entsetzensschreie kamen von den Umstehenden. Crithir

verharrte auf seinem Platz, wischte sich Schweiß und Blut vom Gesicht und steckte mit zitternder Hand das Schwert in den Gurt. Er blickte sich um, entdeckte den Ollam, ging zu ihm und sagte: »Er war ein tapferer Mann. Seine Leute sollen ihn mit Kopf und Schwert begraben.«

Dann lief Ronait auf ihn zu, und Oengus sprang ihm zur Seite.

»Die Pferde«, sagte Crithir. »Pack auf, wir reiten.«

Er ging steifbeinig zum Bach, reinigte die Hände, platschte Wasser übers Gesicht, bückte sich und trank.

»Laß mich deine Wunden untersuchen«, drängte Oengus.

»Es ist nur die am Arm«, meinte Crithir. »Das Ohr zählt nicht.«

Oengus besah die Wundränder und wollte ein Tuch holen, aber Crithir wehrte ab. »Später«, sagte er. »Irgendwo unterwegs.«

Er holte Luft, entdeckte die Schüssel und seine Lanze, nahm beides an sich und ging hinüber zu den Pferden. Er hatte Mühe, sich aufrecht zu halten, und nahm die Gesichter der Leute, die ihn anstarrten, wie durch einen Nebelschleier wahr.

Ronait nahm ihm die Schüssel ab, umhüllte den Kopf und bettete ihn in eine Binsentasche.

Vor ihnen stürmten zwei Gespanne der Deisi über die Ausfahrt. Ihre Fahrer peitschten die Pferde mit den Zügeln. »Sie versäumen keine Zeit«, sagte Oengus. »Laßt uns sehen, daß wir wegkommen. Bis zum Abend schaffen wir es vielleicht, aus dem Deisiland zu sein. Wir halten uns nach Westen, den Fluß entlang.«

Ronait übernahm die Führung, Oengus ritt als letzter und zog das Packpferd hinter sich her. Crithir hing erschöpft auf seinem Tier, der Ohnmacht nahe, ließ den Zügel locker und hatte gerade noch Kraft, sich oben zu halten.

Als die Sonne ihren Nachmittagsstand erreicht hatte, kam Oengus an Crithirs Seite. »Die Pferde brauchen Ruhe!« rief er und schrie Ronait zu: »Vorn bei der Weidenhöhe halt an!« Sie ließen die Tiere langsamer laufen, entdeckten bei den Bäumen ein Bachufer und saßen ab.

Oengus kniete neben Crithir, reinigte ihn vom Blut, strich Öl in die Wunden und verband den Freund.

Plötzlich rief Ronait: »Seht euch um! Dahinten!«

Oengus sprang auf. »Die Deisi folgen uns«, sagte er.

»Sie brechen die Vereinbarung!« bemerkte Ronait böse und faßte nach ihrem Bogen an der Schulterschlaufe.

»Sie halten ein, jetzt haben sie uns gesichtet«, meldete Oengus. »Und sie sitzen ab. Anscheinend wollen sie uns nur im Auge behalten, um uns morgen gleich vor ihren Waffen zu haben.«

Als Ronait sich zu Crithir beugte, sah sie, daß er eingeschlafen war. »Er kann nicht mehr, wir müssen eine Pause einlegen«, sagte sie zu Oengus. »Wenn du meinst, daß sich die Deisi an die Abmachung halten, kann Crithir erst ausruhen.« Sie bückte sich tiefer und untersuchte die Wunde am Ohr. »Das heilt nicht mehr zusammen«, meinte sie. »Und was ist mit dem Arm?«

Oengus wischte sich die nassen Hände. »Es ist noch zu früh, man kann noch nichts Genaues sagen. Wenn er Glück hat, heilt die Wunde glatt und macht ihm nicht viel zu schaffen. Aber wenn sich der Arm entzündet, wird es heikel.«

Abends hatten sie das Knie des Siuirs erreicht, stiegen ab, versorgten die Pferde und setzten sich zusammen. Ihre Verfolger hatten sie zuletzt nicht mehr zu Gesicht bekommen, vermuteten aber, daß sich die Deisi vor ihnen versteckt hielten.

»Wie geht es weiter?« fragte Oengus. »Die Flußebene führt von hier aus nach Norden. Von dort sind wir gekommen.«

Crithir meinte: »Heute waren es fünf, sechs Leute, die uns nachkamen. Morgen sind es bestimmt mehr. Sie werden alles daransetzen, uns im flachen Land einzuholen, ehe wir die Berge erreichen. Wir müssen einfach schneller sein und sie abhängen. In den Wäldern sind wir vor den Deisi sicher. Wir sind beweglicher, weil wir weniger Leute sind als sie, und wir kennen die Wegmarken.«

Die beiden anderen machten bedenkliche Gesichter, und auch Crithir mußte sich eingestehen, daß sein Vorschlag Gefahren barg. In den Niederungen des Siuir hatte Conall Corc die Schwertgewalt. Die Deisi würden die Hilfe ihrer Verbündeten suchen, und wenn die Freunde ihre Verfolger in den Wäldern nicht abschütteln konnten, brachten sie auch noch Cuinns Moordorf in Gefahr.

»Trotzdem, wir müssen den Schatten der Berge erreichen«, schloß Crithir. »Ich sehe keinen anderen Weg.«

Doch Ronait widersprach heftig. »Das können wir Cuinn nicht antun!« sagte sie. »Außerdem werden die Deisi gerade im Norden nach uns fahnden, weil das der nächstliegende Weg nach Thomond ist. Ich finde, wir sollten uns etwas anderes überlegen.«

Sie kamen schließlich überein, zunächst weiter in der Ebene nach Westen zu reiten. Später konnten sie versuchen, irgendwo auf den Sinnan zu stoßen und ihm nach Norden zu folgen.

»Wir sollten gleich aufbrechen«, schlug Ronait vor. »Die Luft ist diesig, und es gibt eine wolkenverhangene, finstere Nacht.

Die Deisi werden sich schwertun, uns unter Beobachtung zu halten, denn unsere Wildpferde sind die Dunkelheit eher gewohnt.«

Sie ließen den Tieren freie Zügel und achteten lediglich darauf, daß sie in westlicher Richtung blieben. Es dunkelte rasch. Bald konnten sie keine Wege mehr erkennen, aber das Gelände blieb einigermaßen eben. Sie kreuzten Wasserläufe, umritten kleine Seen. Auch als die Nacht sich weiter verfinsterte, blieben ihre Pferde in Bewegung. Sie scheuten gelegentlich vor unsichtbaren Hindernissen, zwängten sich schnaubend durch Buschwerk und Hecken und fielen zwischendurch in kurzen Trab, wenn sie ein Stück offene Heide witterten.

Um Mitternacht zogen sich die Wolken zurück. Am westlichen Himmelsrand entdeckten sie den letzten Schimmer des untergehenden Mondes. Das Sternenlicht weitete die Landschaft, und ihre Pferde konnten freier laufen. Gegen Morgen wurde es sehr kühl. Die Kälte schmerzte in Crithirs Wunden, besonders das eingerissene Ohr tat ihm weh.

Ronait brachte ihr Pferd an seine Seite. »Kannst du noch?« fragte sie halblaut.

»Nicht gut, nicht mehr lange«, antwortete er.

Im ersten Dämmerlicht zeigte sich, daß die Ebene unterhalb eines langgestreckten Höhenzuges weiter nach Westen zu führte und in der Ferne mit einem Gebirgsstock abschloß. Sie beschlossen, den Tagesanbruch in einem Versteck abzuwarten. Sie folgten einem waldigen Pfad und gelangten auf einen Grashügel, dessen Hangseite ein dichtes Schlehengebüsch umschloß.

»Da käme nicht einmal ein Wiesel durch«, bemerkte Oengus zufrieden. »Hier sind wir sicher.«

Aus einer Eiche konnten sie die Ebene unter sich beobachten. »Legt euch schlafen«, sagte Ronait. »Ich setze mich in die Äste und schaue mich um. Sobald ich etwas von den Deisi sehe, gebe ich Bescheid.«

Nachdem Oengus den Verband erneuert hatte, schlief Crithir sofort ein. Als er aufwachte, lag Ronait neben ihm. Sie schlief auf der Seite, ihre Hand lag auf seinem Arm. Er rutschte sacht von ihr fort, entdeckte Oengus oben im Baum und stieg zu ihm hinauf. Die Wunde brannte, aber schmerzte nicht sehr.

»Du hast lang geschlafen«, sagte Oengus und half ihm auf den Ast. »Sieh dir an, wie hoch die Sonne inzwischen steht. Ich habe Ronait abgelöst. Wie fühlst du dich?«

»Das Liegen hat gutgetan«, sagte Crithir und holte tief Luft. »Weißt du, auf einmal ist alles endlos weit weg, was gestern war. Semuine, das viele Blut. Ich weiß gar nicht, wie ich den Kampf überhaupt durchgestanden habe.«

»Es sah nicht gut aus für dich«, sagte Oengus. »Semuine war ein schwerterfahrener Mann.«

»Das war er«, sagte Crithir.

»Und was wirst du jetzt weiter tun?« erkundigte sich Oengus.

»Mit dir kommen«, lachte Crithir. »Und wenn wir wieder auf den Inseln sind, dann wirst du eines Tages König sein und deinen Gästen sagen: Jetzt hört ihr Crithir, den Liedermacher der Arans! So stelle ich mir das vor.«

Sie spähten über die Ebene, die südlich in der Ferne von einem weitläufigen Fluß begleitet wurde. Diesseits seiner Niederungen duckten sich Torfhütten neben einem Ringgehöft. Ein Karren zog gemächlich an weidendem Vieh vorbei. Sie konnten sogar die winzige Gestalt des Treibers erkennen. Oengus zeigte auf das Bergland im Westen und sagte:

»Dahinter muß die Küste sein. Wir könnten einen Curragh auftreiben und zu den Arans segeln. Die Deisi wären wir damit los.«

»Aber erst muß ich nach Thomond«, erklärte Crithir. »Ich muß den Kopf meines Vaters bestatten, Klage halten lassen, den Grabhügel aufwerfen und ihm den Totenstein pflanzen.«

»Du vergißt deinen Onkel Larene«, wandte Oengus ein.

»Um den sorge ich mich nicht«, sagte Crithir wegwerfend. »Wenn die Corco Mruad erfahren, daß Larene sie den Deisi verraten hat, ist sein Spiel verloren.«

»Schau mal da unten!« unterbrach ihn Oengus. Eine Schar Berittener bewegte sich auf der Straße zwischen ihnen und dem Fluß. Sie zählten elf Leute und mehrere Ersatzpferde. Die Männer ritten eilig in westliche Richtung, und sie konnten den Trupp lange mit ihren Augen verfolgen.

»Vielleicht hat es nichts zu bedeuten«, sagte Oengus. »Aber es könnten auch die Deisi sein. Ich bin wirklich dafür, daß wir es mit dem Boot versuchen. Zuerst steuern wir die Küste entlang, unterbrechen in Thomond, und dann segeln wir zu den Arans.«

Mittlerweile war Ronait aufgewacht. Sie teilten ihre letzten Essensvorräte und aßen. Oengus berichtete von den Reitern, die sie auf der Straße entdeckt hatten, und legte ihr den Plan vor, Thomond auf dem Seeweg zu erreichen. Ronait schluckte. »Aber dann sehe ich Dub nicht mehr«, sagte sie. »Ich dachte, wir kämen durchs Sumpfland und könnten dort erst noch bleiben!« Ihre Stimme klang vorwurfsvoll, und Crithir begegnete ihrem Blick mit ratlosem Gesicht.

Doch Oengus meinte: »Ich werde mit Uisliu, meinem Vater, sprechen. Er soll Dub bitten, auf die Arans überzusiedeln. Einen guten Schmied können wir immer gebrauchen!«

Ronait antwortete nicht. Dicke Tränen standen ihr in den Augen, sie zog die Knie hoch und bedeckte ihr Gesicht mit dem Rock.

Als der Regenpfeifer rief, zogen sie ihre Pferde aus dem Versteck, saßen auf und ritten weiter. Sie hatten sich tagsüber das Bild der Ebene eingeprägt, die Wasserläufe, kleinen Kuppen und Dickichte, und mieden die Straße. Die Nacht blieb hell, schattenscharfes Mondlicht begleitete sie. In den Vorhügeln des westlichen Berglandes schreckten sie ein Wildschweinrudel auf und erlebten einige bange Augenblicke, als ein Keiler mit der ganzen Rotte hinterdrein auf sie zugesteuert kam, stehenblieb, mit seiner langen Schnauze Witterung nahm und prustete und schnaufte, ehe er abschwenkte.

Erleichtert sahen sie ihm nach, als er im Dickicht verschwand. »Das Vieh war so groß wie ein Fohlen«, brummte Oengus. »Dem Kerl möchte ich nicht auf der Jagd begegnen!«

Von da an wurde der Boden moorig, bis die Berge anstiegen und wurzelfester Wald sie aufnahm. Sie folgten den Wasserläufen, umgingen Gründe und Klüfte und konnten stetig an Höhe gewinnen. Dann aber wurde der Wald so sperrig und dicht, daß sie von ihren Tieren absteigen mußten. Zu Fuß arbeiteten sie sich durch Unterholz und tiefhängendes Astwerk, das der weiße Mond mit gleißendem Licht durchschnitt. Nach der ersten Nachthälfte legten sie einen Aufenthalt ein, um den Tag abzuwarten. Die Wasserscheide des Berglands mußte bereits hinter ihnen liegen, und sie würden vielleicht schon am nächsten Tag das Meer erreichen. Sie legten sich zu dritt nebeneinander und schliefen ein.

Am Morgen stießen sie noch zwischen den Höhen auf eine

Straße und entschlossen sich kurzerhand, auf ihr weiterzureiten, um schneller am Meer zu sein.

»Mir ist, als rieche ich schon die Krabben, Seetang und Salz«, rief Oengus, als sie aus dem Wald auftauchten.

»Und da vorn, lauter Meeresvögel, Austernfischer, Seeschwalben, Möwen! Hört nur, wie sie spektakeln!« schrie Crithir außer sich. »Oh, Ronait, du kannst dir nicht vorstellen, wie schön es am Wasser ist!« Er rubbelte seinem Pferd die Stirnlocke und fing lauthals an zu singen, alle Lieder durcheinander, wie sie ihm gerade einfielen.

Ronait, von seiner Fröhlichkeit angesteckt, lachte ausgelassen und platzte heraus: »Ich wußte gar nicht, daß du so lustig sein kannst!«

»Wieso?« schrie er zurück. »Ich freu mich einfach! Du wirst sehen, was das für ein Leben wird, wenn wir erst auf unseren Inseln sind!«

Sie hielten die Pferde im Galopp. Die Hufschläge dazwischen bemerkten sie erst, als es beinahe zu spät war. Ronait hörte sie zuerst, sah über die Schulter und schrie: »Die Deisi, dichtauf hinter uns!«

Die Freunde fuhren herum. »Ja«, sagte Oengus tonlos und setzte sich wieder zurecht. »Und diesmal ist es ihr Ernst.«

Sie legten sich über die Pferde und versuchten die Tiere noch schärfer anzutreiben.

»Sie holen auf!« warnte Crithir.

»Drüben, die Felsnase hinter den Schafen!« rief Oengus ihnen zu, nahm die Zügel fest, jagte sein Pferd und ritt mitten durch die Herde hindurch. Die Schafe stoben laut blökend auseinander, der Hirt drohte, und seine Hunde hetzten ihnen mit hochgezogenen Lefzen hinterdrein, bis sie den Steinhügel erreicht hatten.

133

»Ronait, du mit dem Bogen auf die Kuppe!« rief Oengus. »Wir nehmen sie unten in Empfang, die Wand im Rücken als Deckung. Crithir, die Pferde!«

Mittlerweile waren ihre Verfolger zwischen den Schafen, wehrten wütend den Hunden und hieben auf ihre Pferde ein. Crithir konnte ihre Flüche und Verwünschungen hören. Er rannte mit den Zügelleinen in ein Gestrüpp, band die Pferde fest und lief dann an seinen Platz am Fuß des Felsens.

»Nimm dir die hintersten Leute vor!« rief Oengus die Wand hinauf, wo Ronait sich in der Höhe zwischen Steinblöcken verschanzte. »Es sind die elf von gestern«, sagte er zu Crithir. »Lange können wir uns nicht halten. Wir müssen sie gleich angehen, oder wir sind verloren.«

Die Deisi waren abgesprungen und kamen mit blanken Schwertern auf sie zu. Crithir dachte unruhig an Ronait, die über ihnen, allein auf sich gestellt, mit dem Bogen wartete. Dann sah er ihre Pfeile. Der erste durchschlug einem der Angreifer die Schulter. Drei Geschosse schickte sie in schneller Folge hintereinander los, und jedes fand sein Ziel.

Das Eibenholz tönte, und Eisen dröhnte auf Eisen. Oengus brach zusammen, ein Lanzeneisen stak in seinem Oberschenkel. Crithir erbeutete einen Schild, entriß einem Verwundeten die langgeschäftete Streitaxt und hielt sich damit ein paar Gegner auf einmal vom Leib. Für einen Augenblick ließen die Deisi von ihm ab. Zwei Männer streiften die Schilde vom Arm und schwangen ihre Schleuderschlingen. Crithir hörte die Steine oben auf der Felsnase einschlagen, und Ronait stieß einen Schmerzenslaut aus. Sie mußte getroffen worden sein, aber dann sah er ihren Pfeil in die Hüfte eines der Schleuderschützen fahren.

Wieder drangen die Deisi auf ihn ein. Einem hieb Crithir die

Axt durch den Kopf, rannte mit dem Schwert in den nächsten, blickte zwischendurch über sich und schrie: »Paß auf,
Ronait!« Hinter ihr tauchte ein Mann mit stoßbereiter Lanze
auf. Sie sprang, den Bogen über sich haltend, die Wand
hinunter, landete neben Oengus, der zusammengebrochen
zwischen den Felsen lag, kam auf die Füße und spannte die
Sehne.

»Halt«, brüllte einer der Deisi ihnen zu. »Laßt uns die
Verwundeten und Toten, und ihr könnt abziehen!«

Crithir senkte den Schild. »Dann verschwindet!« schrie er.

Langsam wichen die Deisi zurück. Ronait behielt sie mit
schußbereitem Bogen im Auge, während sich Crithir um
Oengus kümmerte.

Ich, Tomas, der Druide

Ich, Tomas aus Hispania, habe bis hierher die Geschichte Crithirs als Außenstehender nacherzählt. Aber von jenem Augenblick an, als die drei vor meiner einsamen Klause standen und mich um Aufnahme ersuchten, bin ich mit in den Gang der Ereignisse hineingezogen worden. Ich merkte es allerdings zu spät. Sonst hätte ich den tragischen Tod eines Menschen abwenden können.

Ich hatte eben die mittäglichen Psalmen gesungen. Das Bekenntnis meiner Sünden war gesprochen, ich hatte für das Volk der heiligen Kirche, für Priester und Klerus, danach für Frieden unter den Königen dieses Landes gebetet. Zuletzt hatte ich wie stets Gott angefleht, daß er den Feinden seiner Kirche ihre Bosheit nicht anrechnen möge.

»Vergib ihnen, Herr, denn sie wissen nicht, was sie tun!« schloß ich mein Gebet, wie es der Erlöser uns gelehrt hat. Als ich von meinen Knien aufstand, vernahm ich Pferdegetrappel, gürtete meine Kutte und trat vor die Tür.

Ich erblickte drei Leute, und ihr Anblick erfüllte mich mit Abscheu. Denn ihre Gewandung war zerfetzt, stockig von Blut, und Verbände wie ihre geröteten Hände verrieten, daß sie gerade einen dieser barbarischen Kämpfe ausgetragen hatten, in denen das Heidenvolk Erius Ehre sucht.

»Gib uns Herberge, Druide«, bat der eine und wies mit dem Kinn auf den bärtigen blonden Mann, den er und die junge Frau zwischen sich führten. »Mein Freund braucht Hilfe, er ist verwundet.«

Ich wollte sie zuerst abweisen, denn die Schrift sagt: ›Habt keine Gemeinschaft mit den Übeltätern‹ und an anderer Stelle: ›Ihre Füße laufen zum Bösen und sie eilen, Blut zu vergießen.‹ Rückblickend glaube ich, daß es etwas in den Augen der Frau war, das mich dann doch anrührte und bewog, die drei in meine Klause zu winken.

Offensichtlich stellte man ihnen nach, denn der junge Mann und die Frau taten alles in übergroßer Hast. Sie legten den Verwundeten auf den Boden, dann stürzten sie aus der Tür und entluden ihre Pferde.

Der Mann rief: »Wir lassen sie laufen, vielleicht verlieren die Deisi unsere Spur!«

Sie rissen den Tieren Halfter und Zügelstricke ab und scheuchten sie davon. Die Frau begann zu weinen. Der junge Mann schaute sie betroffen an, legte den Arm um sie und zog sie ins Haus. Mir fiel auf, wie ähnlich sich die beiden sahen, nicht nur wegen der schwarzroten Haare. Auch in der Art, wie sie sich bewegten, bemerkte ich Gemeinsames.

Im Haus knieten sie sich zu dem verletzten Mann und lösten ihm das Verbandtuch. Er hatte eine häßliche Wunde, der Muskel im Oberschenkel war offenbar von einer Lanze zerrissen und ich fragte mich, wieviel Schmutz dabei noch mit ins Blut gekommen sein mochte.

Die Frau schaute sich nach einem Wassergefäß um. »Laßt mich den Mann versorgen«, sagte ich den beiden. »Ich verstehe mich darauf.«

Ich holte an meiner gemauerten Quelle Wasser und machte mich an die schmutzige Arbeit. Innerlich seufzte ich: »A Iosa Criost, was für ein Volk!«

Der Mann war in Ohnmacht gefallen, das erleichterte es mir, die notwendigen Handgriffe in Ruhe auszuführen, seine Wunde mit Wein zu reinigen und später zu vernähen. Die ausgefransten Muskelenden staken aus dem Schenkel, und der Mann hatte viel Blut verloren. Ich überlegte, was ich tun mußte, wenn der Brand ins Bein käme und eine Amputation anstünde. Ich wußte es nicht. In meiner Ausbildung hatte ich Galens anatomische Bücher studiert, doch in Fragen der praktischen Chirurgie waren seine Ausführungen nicht sehr ergiebig gewesen. Ich zuckte die Schultern, der Mann mußte zusehen, wie er durchkam. Im übrigen erfreuten sich die Wilden, unter denen ich lebte, einer wahren Roßnatur.

Als ich zwischendurch zu meiner Quelle kam, standen der junge Mann und die junge Frau more barbarorum, nach Art der Wilden, die wenig oder gar kein Schamgefühl kennen, nackt im Wasserbecken und säuberten sich gegenseitig vom Blut. Ich bemerkte, daß die junge Frau eigentlich noch ein Mädchen war, von sehr schönem körperlichen Aussehen. Unter der rechten Brust hatte sie einen dicken, bläulich angelaufenen Prellflecken, und ich vermutete, daß die Rippe darunter gebrochen sein mußte. Sie löste dem jungen Mann den Wundverband vom Arm, lächelte ihn an und küßte ihn. Ich wandte meine Augen ab und nahm mir vor, nach dem abendlichen Matutingebet die von Blut verunreinigte Quelle zu säubern und die Reinigungsriten darüber zu sprechen.

Die beiden hatten ihre Gewänder, oder vielmehr die schäbigen Lappen, die davon übrig waren, mitgewaschen und kamen abermals more barbarorum in meine Klause. Ich runzelte die Stirn und seufzte von neuem, sah dann aber erleichtert, daß die Frau zwei von den Decken nahm, Halslöcher hineinschnitt und sich und ihren Mann damit bekleidete. Ich wandte mich wieder meinem Patienten zu und merkte, daß er aus seiner Ohnmacht erwachte. Sein Puls war unregelmäßig und schwach.

Im nachhinein bin ich unseren Oberen in Cordoba unendliche Male dankbar gewesen, daß sie uns, den drei jungen

Priestern, die sie zur Mission aussandten, neben der geistlichen auch eine umfassende weltliche Ausbildung hatten zukommen lassen. Ich sehe Pater Johannes vor mir, der uns, wenn uns der trockene Vorlesungsstoff zu langweilig wurde, zu neuem Eifer mahnte: »Meine Söhne, ihr wollt doch nicht ein heidnisches Spruchweib bitten müssen, wenn ihr oder eines der euch anvertrauten Pfarrkinder ärztliche Hilfe braucht?«

Ich habe hier unter den Stämmen der Ciarraige mit medizinischer Kunst und Gebeten schon manchem wiederaufgeholfen, den die hiesigen Heilkundigen, Druiden und Zauberärzte, bereits aufgegeben hatten. Einmal konnte ich sogar Conganchnes, ihrem König, mit meiner Heilkunst dienen, der trotz seines Namens, der ›Hornhaut‹ bedeutet, eine Schwertwunde in der Achselhöhle davongetragen hatte, die sich nicht schließen wollte. Als Beweis seiner Dankbarkeit schickt er mir in regelmäßigen Abständen ein paar versiegelte Weinamphoren. Ich bin jedesmal hoch erfreut, denn wie sollte ich sonst das Meßopfer vollziehen? Doch Conganchnes hat auch allen Grund, sich erkenntlich zu zeigen. Ohne mein Dazutun wäre sein Schwertarm verloren gewesen. Und nach Anschauung der Stämme Erius muß ein König waffenfähig sein, oder er verliert sein ihm von den Göttern anvertrautes Herrscheramt.

Lieber als die Weinlieferungen sähe ich allerdings, Conganchnes würde sich endlich zur heiligen Lehre der Kirche bekehren. Aber die Hornhaut auf der Seele des Königs ist offenbar für meine Worte weniger durchlässig als die Haut seines Leibes für die Waffen seiner Feinde. Er weiß meine Wissenschaft zu würdigen, bestaunt meine Kalenderkenntnisse und ist jedesmal überaus beeindruckt, wenn ich ihm,

nur mit meinem römischen Kalender im Kopf und ein paar
Kieseln auf dem Boden, die nächste Verfinsterung des
Mondes vorausberechne, die dann tatsächlich am angekün-
digten Tag eintrifft. Dennoch, von seinen Schandgöttern will
er nicht lassen. Dabei würde die Bekehrung des Königs mir
sehr helfen, das Volk der Ciarraige insgesamt taufwillig zu
machen!

Ich winkte den Mann und die Frau hinaus in den Hof, um den
Patienten nicht unnötig durch Reden zu stören. Der Verwun-
dete würde längere Zeit nicht transportfähig sein, und wenn
seine Freunde nicht ohne ihn weiterwollten, würde ich sie
eine Weile um mich haben. Der Patient konnte bei mir in der
Klause bleiben, überlegte ich mir. Ich würde mich dann,
besonders in den nächsten kritischen Tagen, besser um ihn
kümmern können. Die Stundengebete, die ich je nach der
Tageszeit zu verrichten hatte, würden dabei sicherlich zu
seiner Gesundung beitragen. Allerdings konnte ich meinen
Raum nicht außerdem noch mit den beiden anderen Fremden teilen. Weder wollte ich ihre Waffen in der Gegenwart
des Sakramentes dulden, noch zulassen, daß ihre Speisege-
wohnheiten meine Fastentage befleckten. Abgesehen davon
störte mich die Anwesenheit einer Frau, denn ich mochte
meine Gedanken nicht der Sinnenlust aussetzen. Ich mußte
versuchen, sie woanders auf meinem Hof unterzubringen.
Der Ziegenstall kam mir in den Sinn. Der stand leer, weil ich
im Sommer die Tiere draußen im Freien hielt und auch dort
melkte.

Wieder seufzte ich in Gedanken. Wie sollte ich den beiden
erklären, daß ich sie nicht unter meinem Dach beherbergen
konnte? Ich wußte aus Erfahrung, wie schwer es ist, den
unzivilisierten Heiden Verständnis für die Gebote göttlicher

Lebensführung abzugewinnen. Die heilsame Lehre unseres Glaubens ist noch nirgends in dies entlegene Land gedrungen, und wahrscheinlich oder ganz sicher waren meine ungebetenen Gäste noch nie einem Diener der Kirche begegnet.

Wir setzten uns auf die Hofbank, und ich fragte: »Wie ist dein Name, junger Mann?«

»Crithir«, antwortete er, »und das Mädchen heißt Ronait. Mein Freund, dessen Wunde du versorgt hast, ist Oengus, der Sohn Uislius, dem König der Arans.«

Den Namen Uisliu hatte ich irgendwann schon gehört, konnte mir jedoch unter den Arans nur wenig vorstellen. Das einzige, was ich darüber wußte, war, daß die Arans zu den äußersten Inseln Erius im Westen zählten.

Nachträglich war ich froh, daß ich nicht erwogen hatte, Oengus, einen Fürstensohn, mit seinen Gefährten im Stall unterzubringen. Die Gälen sind in dem, was sie für ihr Ehrgefühl halten, überaus verletzlich. Ehe sie sich beschämen lassen, sterben sie lieber.

»Und wessen Sohn bist du?« erkundigte ich mich höflich, wie es der Landessitte entspricht.

»Mein Vater ist Ruad, König der Corco Mruad in Thomond«, gab er zur Auskunft.

»Und ich bin Tomas«, erklärte ich und überlegte dabei, ob die Idee mit dem Ziegenstall überhaupt noch in Frage kam.

Der Name Ruads war mir nämlich durchaus geläufig, und ich wußte, daß die Corco Mruad im Norden ein mächtiges Stammesvolk waren.

»Und die Frau an deiner Seite, wessen Tochter ist sie?« fragte ich weiter und war jetzt darauf gefaßt, daß sie ebenfalls wie ihre Begleiter einem Fürstenhaus entsprossen sei.

»Meine Mutter hat mich im Sumpfland am Sinnan aufgezogen«, antwortete sie. »Meinen Vater kenne ich nicht.«

Ich nickte verständnisvoll. Ledige Frauen, verstoßene Frauen, Sklavinnen mit unzähligen Bastardkindern gehörten zu den traurigen Alltäglichkeiten dieses Landes. Sie stellten die unterste Gruppe der Rechtlosen dar.

»Du bist noch jung«, wandte ich mich an Crithir. »Dennoch trägst du schon die Wunden mancher Kämpfe. Du kamst mit blutigen Händen hierher, und die Wunde an deinem Ohr ist noch kaum verheilt. Sie hätte übrigens genäht werden müssen, so wirst du für immer ein geschlitztes Ohr behalten. Wer hat dich in einem Alter, da dir der Bart noch nicht wächst, das Schwert nehmen heißen?«

Das Gesicht des jungen Mannes wurde hart. »Die Deisi hatten meine Brüder erschlagen, meinen Vater entehrt. Ich mußte sie rächen.«

»Deinen Vater entehrt?« fragte ich.

»Semuine, ein Fürst der Deisi, hat ihm den Kopf genommen, obwohl mein Vater unbesiegt geblieben war«, sagte er zornig. »Ich habe mir seinen Kopf wiedergeholt, um ihn in Ehren zu bestatten.«

»Du hast mit Semuine gekämpft, und den Kopf deines Vaters hast du hier?« wollte ich wissen.

»Ja«, sagte er. »Ich habe ihn bei meinen Sachen in deinem Haus.«

Mich schauderte. Ich erinnerte mich der prahlerischen Reden eines dieser Helden, der sich damit brüstete, er sei noch nie ohne den Kopf eines Feindes zwischen seinen Knien schlafen gegangen. Und nun ein Kopfjägerkopf in meiner Zelle, die dem heiligen Dienst Gottes bestimmt ist! Ich zwang mich zur Ruhe. »Und du hast den Deisi besiegt und deinerseits seinen

Kopf an dich genommen?« erkundigte ich mich und machte keinen Hehl aus meinem Ekel.

»Ich habe Semuine seinen Kopf gelassen«, erklärte er mir.

Einen Augenblick war ich verwirrt und wußte nicht, ob ich noch weiter in den jungen Mann dringen durfte. Ich entschloß mich, zunächst einmal meinen Gastgeberpflichten nachzukommen. »Ihr müßt hungrig sein und Durst haben«, sagte ich. Ohne auf Antwort zu warten, stand ich auf und ging in meine Klause.

Die Kopfjägertrophäe beunruhigte mich. Ich packte die Sachen der Leute und legte sie vors Türloch vom Ziegenstall. Ohne große Erklärungen brachte ich es hinter mich und rief den beiden auf der Bank zu: »Bei mir wird es für euch zu eng. Euer Freund mag bleiben, ich kann ihn unter meinem Dach besser versorgen. Ihr könnt den Schuppen hier nehmen. Sucht Binsen und Blätter, daß ihr ein Nachtlager habt.« Zu meiner Beruhigung widersprachen sie nicht. Während ich einen Körnerbrei anrührte, Zwiebeln aus dem Gärtchen holte und im Keller aus der Tonne Met schöpfte, sah ich den Mann und die Frau am Bach Blätter abstreifen und Binsen rupfen. Ich ging an ihnen vorbei, schürzte meine Kutte und kletterte in den Ziegenpferch, kniete mich hinter das Euter und begann zu melken.

Hinter mir rief die Frau: »Tomas, ich kann dir melken. Oder hast du noch einen zweiten Topf?«

»Nein, ich mache das lieber allein«, antwortete ich und fühlte mich verlegen, weil sie mich einfach nur mit meinem Namen ansprach. Außerdem war mir die Vorstellung peinlich, sie als Frau die Euter meiner Ziegen anfassen zu sehen. Wieder seufzte ich. Aber dies war das letzte Mal, Tomas, ermahnte ich mich streng. ›Einen fröhlichen Geber hat Gott lieb‹, so sagt die Schrift, und ich beschloß, als Buße den beiden die Brotfladen hinzustellen, die ich heute morgen für mich gebacken hatte. Und die Butter dazu, sagte ich mir. Das hieß, daß ich gleich morgen schon wieder Milch im Faß stoßen mußte.

Ich hatte eine Binsenmatte ausgerollt und im Hof aufgetischt. Die beiden aßen mit Heißhunger. Sie mußten sich schon seit Tagen nicht mehr sattgegessen haben. Das Brot jedoch, eine den Gälen fremde Speise, ließen sie liegen. Ich durfte also heute doch noch Nahrung zu mir nehmen.

»Warum ißt du nicht, Tomas?« erkundigte sich die Frau.

Ich zuckte zusammen. Sollte ich gemeinsam mit Götzendienern, blutlustigen Menschen, die Hand in die Schüssel tauchen? Selbst in der Halle des Königs, der inzwischen meine Eßgewohnheiten respektierte, vermied ich das. Aber hier auf meinem Hof? Es waren Früchte, die ich unter Gebet gesät und geerntet hatte. Also brach ich das Brot, segnete es mit dem Kreuzeszeichen, tauchte es in die Butter und merkte, daß ich wirklich hungrig war.

Allmählich geriet ich immer mehr durcheinander. Worauf hatte ich mich da eingelassen? Was ging in mir vor, daß mich diese Leute so aus dem Gleichgewicht brachten und verwirrten? Meine Schützlinge dagegen schien weder meine Person noch mein Verhalten zu befremden. Obwohl, sagte ich mir, beide doch inzwischen gemerkt haben mußten, daß ich kein Gäle, kein Einheimischer war, denn weder sprach ich wie diese, noch kleidete ich mich wie ihre Stammesgenossen.

Aber sie stellten, wie gesagt, keine Fragen. Nicht einmal mein ungeläufiger lateinischer Name hatte sie aufhorchen lassen. Ja, die Frau sprach ihn flüssig aus, ohne über die fremden Silben zu stolpern. Ich mußte mir plötzlich eingestehen, daß diese beiden Menschen eine Art von Zuneigung in mir wachriefen. Verwundert, ja fast entsetzt registrierte ich dieses neue Gefühl. Seit Jahren mühte ich mich nun um die blinden Heidenseelen hierzulande. Aber, so fragte ich mich jetzt, hatte ich je so etwas wie menschliche Anteilnahme für sie gespürt? Nein, antwortete ich mir selbst und war nicht mehr gewiß, ob ich darauf stolz sein dürfte oder mich doch eher schämen müßte. Wo bin ich da hineingeraten, fragte ich mich zum zweiten Male und spürte, wie der Ärger in mir hochstieg. Doch über wen ärgerte ich mich eigentlich? Über diese Leute – oder über mich?

Ich forderte die beiden auf, weiter zu essen, und entschuldigte mich, ich wollte nach ihrem Freund sehen. Als ich bei ihm auf dem Boden saß, schaute er mich an, sagte aber nichts.

»Ich bin Tomas«, erklärte ich ihm. »Ein Heilkundiger, ich versorge dein Bein.«

Er war offenbar zu matt, etwas zu sagen, aber seine Augen zeigten mir, daß er mich verstanden hatte. Als ich nach seiner Stirn faßte, fieberte sie und der Puls war gestiegen. Ich beschloß, ihm kühlende Wadenwickel zu machen. Als ich aufstand, um zur Quelle zu gehen, begegnete mir die Frau in der Tür. Ich ließ sie eintreten. Der junge Mann hatte sich unterdessen, wie ich sah, im Schatten des Ziegenstalls schlafen gelegt. Ich entnahm das Wasser unmittelbar dem Quellmund, besorgt, das verunreinigte Becken nicht zu berühren. Beim Eintreten in meine Klause hörte ich, wie Ronait, deren Name mir kam, ohne daß ich nachdenken mußte, leise mit dem Verwundeten sprach.

»Das Fieber kommt«, sagte ich. »Vorher möchte ich den Mann waschen. Er ist noch ganz verklebt mit Blut.«

Ronait stellte sich stillschweigend in die Tür und beobachtete meine Hantierungen. Wieder spürte ich meine Unsicherheit, als ich Oengus auszog, ihm den nackten Leib wusch und sie mir dabei zuschaute. Ich kühlte seine Beine, goß etwas Sakramentswein in eine Schale, schlug das Kreuz darüber und gab ihm zu trinken.

»Alles an dir ist ungewohnt«, meinte die Frau plötzlich. »Dein Haus ist viereckig und nicht rund. Und ich sehe zwischen deinen Wänden Sachen, deren Namen und Gebrauch ich nicht kenne. Du tust Dinge, die ich nicht verstehe, machst seltsame Zeichen mit deinen Händen über Dinge, die du ißt, und deine Sprache klingt fremd wie dein Name. Wer bist du?«

Da war sie endlich doch, die erwartete Frage. Und als ich nicht gleich antwortete, fragte sie mich: »Du bist ein Druide?«

Ich faßte an den ausrasierten Haaransatz über meiner Stirn. »Nein«, sagte ich und überdachte sorgsam meine Worte. »Ich bin kein Druide. Mein Druide ist Iosa Criost.« Ich wiederholte ihr den Namen des Erlösers, den sie anscheinend noch nie vernommen hatte. »Mac De bi, der Sohn des Lebensgottes, Iosa Criost ist mein Druide. Ihm diene ich.«

Sie hob die Brauen und meinte: »Du gehst ohne Waffen und Schmuck und im ärmlichen Kleid. Aber du sprichst wie ein freier Mann. Dein Druide muß große Macht haben, dich zu beschützen. Ich möchte mehr von ihm wissen.«

Ich nahm in Ronaits Augen ein Interesse wahr, das mehr als bloße Neugierde war, und brannte darauf, das Zeugnis meines Glaubens abzulegen, einer blinden Seele die Augen zu öffnen. Ich wollte mit ihr sprechen, aber nicht hier, neben einem Bewußtlosen, allein mit ihr im Raum.

»Laß uns nach draußen gehen!« bat ich.

»Ja, es ist so eng zwischen deinen Wänden«, sagte sie.

Wir gingen zur Hofbank. Ich flehte innerlich, sie möge auf dem Weg dahin nicht plötzlich das Interesse verlieren und sich zu dem jungen Mann in den Schatten legen wollen. Aber sie wollte hören.

»Sag mir noch einmal den Namen deines Druiden«, sagte sie.

»Iosa Criost«, sprach ich ihr vor, und ihre Lippen wiederholten den Namen des Erlösers. Mein Herz schlug laut.

»Der Name klingt sonderbar wie deiner«, stellte sie fest. »Zu welchem Volk gehörst du?«

»Ich komme aus Hispania, dem Römerland«, gab ich Auskunft. »Südlich von Eriu, auf der Mittagsseite der Erde ist meine Heimat.«

»Und da wohnt dein Druide?« fragte sie.

»Nein, er herrscht über die Inseln des Westens, in Tirnanog ist sein Haussitz. Von dort hat er uns besucht und gab den Menschen die Gesetze, nach denen wir leben sollen. Als er von uns schied, ist er den Stamm des Weltenbaums emporgestiegen, brachte sich dem Lebensgott als Opfer dar und kehrte heim in das jenseitige Land, um den Seinen die Wohnung zu bereiten.«

Ronait dachte über meine Worte nach. Ich sah es hinter ihrer Stirn arbeiten und ließ ihr Zeit. Dann sagte sie: »Tomas, du hast einen Druiden im Land des Westens. Du kennst seinen Namen und hast ihn mir gesagt. Spricht dein Iosa Criost mit dir?«

»Ja, das tut er«, sagte ich, glücklich, daß sie alles verstanden hatte. »Er redet mit mir, wenn ich ihn rufe, und er gibt meiner Seele große Kraft.«

»Du mußt sehr froh sein, ihm dienen zu dürfen«, sagte sie.

»Ich würde gern noch mehr von deinem Druiden hören, aber ich bin müde. Laß uns später weiterreden.«

Ich schaute ihr von der Bank aus nach, wie sie zu dem jungen Mann ging, sich zu ihm legte und ihren Arm über ihn schob. Mit Verwunderung stellte ich fest, daß mich der Anblick ihrer Vertraulichkeit nicht verlegen machte. Ich spürte nur mein Herz schlagen, voller Gewißheit, mit der Botschaft des Erlösers Zugang zu ihrem Inneren gefunden zu haben. Wie im Traum ging ich zu meiner Klause, kniete vor dem Kreuz, betete, dankte und lobte Gott, der, wie die Schrift sagt, ›seinen Sohn bereitet hat vor allen Völkern, ein Licht zu erleuchten die Heiden.‹

Die nächste Zeit ist mir als die glücklichste meines Lebens in Erinnerung geblieben. Es waren die Tage, für die ich Jahre gelebt hatte. Ronait und auch Oengus, wie ich gleich berichten werde, öffneten sich dem Evangelium.

Ich hatte mich auch bisher nicht ganz umsonst gemüht, unter den Ciarraige für den Glauben zu wirken. Durfte ich doch im Laufe der Zeit mehr als zwanzig heidnische Gälen dem Stamm der Kirche zuführen. Darunter Eoin, einen liebenswerten, eifrigen jungen Mann, den ich in der Lehre unterrichtet hatte und der inzwischen auch des Lateinischen im Lesen wie im Schreiben kundig war. Ich hatte die Hoffnung, ihm bald auch die sakramentalen Weihen erteilen zu können, um Eoin als ersten einheimischen Missionar unter die übrigen Stämme der Gälen zu senden. Aber das alles waren Ergebnisse von langer, mühseliger Kleinarbeit, die Frucht von unendlich viel Geduld, ein paar Funken in den verstockten Seelen dieses Landes zum Licht zu erwecken. Ronaits Liebe zum Erlöser aber brannte auf wie eine Fackel im Heiligtum des Höchsten.

Ich ließ alle anderen Arbeiten liegen, die mein Tagesablauf sonst mit sich bringt. Ich vernachlässigte den Garten. Ich sammelte kein Holz, kein Obst zum Trocknen für den Winter. Ich entzog mich meinen mathematischen Studien und versäumte über den Gesprächen mit Ronait gelegentlich sogar mein Tageszeitgebet. Ronait wollte alles hören, alles erfahren, alles kennenlernen, Leben und Sterben des Iosa Criost, seine Lehre und seine Gebote. Ich führte sie von den stummen Heidengöttern zum Glauben an den allmächtigen Gott, der Himmel und Erde erschaffen hat und alles weiß, was gewesen ist. Ich war sicher, Ronait würde die Taufe begehren, um zum Gottesvolk hinzugezählt zu werden, und ich begann ihr die Handlung des Sakraments zu erklären.

Während Crithir die Umgebung durchstreifte und erkundete oder Bachforellen fing und damit unsere Mahlzeiten bereicherte, saßen wir zusammen und redeten, entweder allein oder in Gesellschaft von Oengus. Der Sohn der Arans hatte eine gesunde Natur, der Brand kam nicht in die Wunde, aber sie näßte noch stark, so daß er noch nicht außer Gefahr war. Oengus verfolgte aufmerksam meine Tageszeitgebete, die ich in meiner Klause verrichtete. Auch an meinen Gesprächen mit Ronait nahm er Anteil. Aber anders als deren stürmische Wißbegier war sein Interesse eher nachdenklicher Art, und er überraschte mich mit Fragen, die mir manchmal eingehende Erklärungen abverlangten.

Meine Einstellung zum Land Hibernia, wie wir Lateiner das Eriu der Gälen nennen, änderte sich unterdessen von Grund auf. Bislang hatte ich den gelehrten Geographen nur zustimmen können, welche die Einwohner Erius als einen Menschenschlag schilderten, der roher und ungebildeter sei als alle anderen Rassen und jedes Gefühl für höhere Dinge vermissen ließ. Durch die Begegnung mit meinen Schützlingen lernte ich, die als Wilde ausgegebenen Menschen hierzulande mit neuen Augen zu sehen. Es stimmt, daß die Mütter Erius ihren neugeborenen Knaben den ersten Bissen Nahrung auf der Schwertspitze darbieten, und es trifft zu, daß die Zivilisation der Gälen verglichen mit der des Mittelmeerraums primitiv genannt werden muß. Die Gälen kennen keine Münzen, kein Buch- und Bibliothekswesen, sie errichten keine Städte, und ihr Verkehrssystem ist völlig unterentwickelt. Aber es ist auch wahr, gestand ich mir jetzt ein, daß mein römisches Überlegenheitsgefühl mich daran gehindert hatte, den Menschen Hiberniens vorurteilslos entgegenzutreten. Wenn ich jetzt mit Ronait bei Oengus saß, war ich betroffen über meinen bisherigen Hochmut, empfand Achtung vor diesen Menschen und freute mich doppelt, sie dem Gottesvolk zuführen zu können.

Ohne Vorankündigung kam jedoch der Tag, der alle meine neuen Hoffnungen begraben sollte, der fünfte Tag vor den Kalenden des Juli.

Nach verrichteter Morgenarbeit hatte ich mich mit dem Psalmbuch, das ich als kostbarsten Besitz in meiner Klause unter Verschluß hielt, auf die Hofbank gesetzt. Ich las halblaut und erfreute mich am Gotteslob. Eine Amsel flötete in den Haselsträuchern. Gestern hatte ich gesehen, daß eine reiche Nußernte zu erwarten war. Ronait kam mit Crithir über den Hof, sie gingen dicht zusammen, Hand in Hand, wie es Liebende tun. Wieder fiel mir die geradezu verblüffende Ähnlichkeit zwischen ihnen auf. Ja, mein Gefühl warnte mich, doch ich achtete nicht darauf. Ich schloß meinen Psalter, legte den Band neben mich auf die Bank und winkte den beiden einladend zu.

Sie blieben bei mir stehen, und wir unterhielten uns eine Weile über Wind und Wetter, als plötzlich der Blick des jungen Mannes auf mein Buch fiel. Ich wußte nicht, was es war, aber auf einmal veränderte sich schlagartig sein Gesicht. Ich finde keinen anderen Ausdruck, es stand schieres Entsetzen darin.

»Was ist das für ein Zeichen?« brachte er schließlich hervor und wies auf das Christusmonogramm, das kunstvoll in Elfenbein geschnitzt den Einband meines Psalters zierte.

»Das sind zwei ineinandergeschobene griechische Buchstaben«, erklärte ich ihm und fragte mich verwundert, was er wohl hatte. »Die schräg gekreuzten Balken und der senkrecht durch die Mitte führende Krummstab stellen die Anfangsbuchstaben vom Namen des Erlösers dar. Es ist das Zeichen meines Druiden Iosa Criost.«

Crithir nestelte aus seinem Gewandausschnitt ein flaches Döschen, das er an einer Schnur um den Hals trug, öffnete es ungeduldig, holte aus dem Behälter ein Medaillon hervor und verglich es mit dem Elfenbeinmonogramm auf meinem Buch. »Es ist dasselbe Zeichen«, sagte er und zog die Brauen zusammen. »Wie du sagst, ein schräges Kreuz mit dem Krummstab.«

Ich glaubte nicht recht zu hören. Ein Christusmedaillon, das ein Ungetaufter, also ein Heidenmensch, als Amulett auf der Brust trug?

»Zeig her«, sagte ich verblüfft.

Crithir hielt mir das Amulett unter die Augen. Er hatte recht, es war das Monogramm. Ich war tief bewegt. »Gib es mir, daß ich es genauer betrachten kann!« drängte ich ihn.

Er wehrte mit einer heftigen Handbewegung ab. »Nein«, stieß er hervor, »ich gebe es nicht aus der Hand.«

»Dann laß mich die Rückseite ansehen!« bat ich ihn.

Nur widerwillig, wie mir schien, kam er meinem Ersuchen nach. Ich bemerkte, daß es ihm große Mühe machte, seine Hände ruhig zu halten, und versuchte meiner Stimme einen möglichst sachlichen Ton zu geben. »Ein schönes Stück Goldschmiedearbeit. Vielleicht aus Alexandria. Das Bild darauf zeigt die Geburt des Erlösers, Krippe, Ochs und Esel, und daneben siehst du Maria, die Mutter des Herrn. Eigentlich ist es ein Ohranhänger«, fügte ich hinzu und tippte auf die winzige Öse am Scheitelpunkt. »Wahrscheinlich gab es einmal dazu ein Gegenstück.«

Ich weiß nicht, ob Crithir überhaupt noch hingehört hatte, denn er entriß das Medaillon meinem Blick, rannte fort und lief zu meiner Klause. Ich wollte etwas zu Ronait sagen und bemerkte, daß sie wie erstarrt dastand. Sie hielt sich die Brust, und ihr Gesicht war verzerrt vor Angst. Ich erhob mich, wollte zu ihr, doch meine Beine gehorchten mir nicht. Inzwischen erschienen die beiden Freunde gegenüber in der Tür. Oengus stützte sich am Türrahmen, und Crithir redete in fieberhafter Eile auf ihn ein, stürmte dann in den Stall und tauchte alsbald wieder mit Gepäck und Waffen auf. Er sah sich hastig um, entdeckte Ronait und kam zu uns gelaufen.

»Es hat mit meinem Tabu zu tun!« sagte er mit erstickter Stimme. »Ich muß fort, gleich jetzt. Ihr beiden, Oengus und du, kommt nach. In Thomond warte ich auf euch.«

Ronait warf sich gegen ihn. »Nein, Crithir, du gehst nicht allein!«

Er zog ihren Kopf an seine Schulter, streichelte fahrig ihr Haar und blickte dabei zur Seite, weg von dem Buch, vorbei an mir . »Dann komm!« sagte er und griff nach ihrem Arm. Sie ließen mich ohne ein Wort der Erklärung stehen. Auch

152

Ronait schaute sich nicht einmal nach mir um. Ich verstand die Welt nicht mehr und war gefaßt, daß im nächsten Augenblick der Himmel einfiel oder die Erde sich auftun würde. Was war bloß geschehen? Ich versuchte mich an meine Worte zu erinnern. Doch ich fand nichts, was Crithir in eine derartige Panik hätte versetzen können. Und was war das für ein Tabu, von dem er gesprochen hatte? Offensichtlich hatte es etwas mit dem Monogramm auf meinem Buch zu tun, aber was, das konnte ich mir beim besten Willen nicht vorstellen. »A Iosa Criost!« rief ich erbittert aus. »Was für ein abergläubisches Volk.«

Ich haderte mit Gott, mit der Welt und mit mir selbst und ging schließlich zu Oengus hinüber. Ich brauchte die Gesellschaft eines anderen Menschen, denn ich fühlte mich beraubt, betrogen und so unglücklich wie noch nie.

Das doppelte Monogramm

Seit sie in wilder Hast von der Klause aufgebrochen waren, hatte Crithir nicht mehr eingehalten. Seine Knie waren noch steif vor Furcht, er stolperte, murmelte Verwünschungen, fetzte blindlings Steine durch die Luft. Er hatte gehofft, endlich die Schatten der Vergangenheit los zu sein, doch der heutige Tag war der Beweis, daß seine Tabus nicht abließen, ihm weiter aufzulauern. Das zweite Drohzeichen der Wahrsagenacht durfte ihn nicht auch noch einholen. Er mußte fliehen, wollte entrinnen, wechselte ungeduldig die Lanze mit dem Bündel von einer Schulter zur anderen, versicherte sich flüchtig, ob Ronait mithalten konnte, und drängte zu noch mehr Eile.

Erst als sie die Klause bereits ein ganzes Stück hinter sich gelassen hatten, sprach Crithir sie an. »Ich konnte es Tomas nicht erklären«, sagte er. »Aber ich mußte weg, sonst wäre ein Unglück passiert. Ich weiß nicht, was geschehen wäre, aber ich habe ein Tabu, daß ich dem Druidenzeichen, das Tomas auf dem Buch hatte, nicht begegnen darf. Verstehst du?«

Später am Tag stießen sie auf einen Wildwasserfluß. In den schmalen Durchlässen zwischen Röhricht und Weiden mußten sie hintereinander laufen. Ein Fischotter, der auf dem Rücken, alle viere hochgestreckt, im Binsengras schlief, schreckte bei ihrem Kommen auf und tauchte eilig weg, bunte Eisvögel rüttelten über den Wellen, und Bachstelzen trippelten aus dem Weg. Allmählich wich die Unruhe von Crithir, und er fühlte sich leichter.

Auf seinen Streifzügen hatte er entdeckt, daß der Fischjägerpfad am Fluß entlang in die Richtung des Sinnan führte. Dort

154

würden sie, hatte er Oengus berichtet, bestimmt ein Boot auftun können, mit dem sie entweder stromaufwärts oder die Küste entlang nach Thomond gelangen konnten. Noch heute morgen war das alles so einfach erschienen! Oengus war in guten Händen, seine Heilung machte Fortschritte, und sobald er völlig bei Kräften war, würden sie ihren Weg fortsetzen.

Auch er selbst hatte sich auf dem Hof von Tomas wohlgefühlt. Zuerst hatte er ringsum die Gegend nach Spuren ihrer Verfolger abgesucht, doch die Deisi blieben verschwunden. Die Hetzjagd war vorbei, sie konnten sich in Sicherheit wissen. Wenn er abends mit Ronait im Ziegenstall lag, hatte sie ihm von Tomas und dessen Druiden erzählt, der diesen zungenbrecherischen Namen hatte. Ronait lachte, wenn sich Crithir bemühte, die ungewohnte Silbenfolge des Namens auszusprechen, der ihr inzwischen völlig geläufig von den Lippen ging. »Iosa Criost«, wiederholte sie. »So heißt er und ist der Druide des Lebensgottes von Tirnanog.«

Von Tirnanog, über Tomas und dessen Druiden hatte sie fast jeden Abend gesprochen, bis sie auf ihrem Binsenlager einschliefen. Keine beunruhigenden Traumgesichte hatten Crithir länger geschreckt, und er spürte nicht mehr den Atem Ruads im Nacken. Jeden Morgen freute er sich auf den neuen Tag, ging das Land erforschen, beschlich Kaninchen, fing Fische, ruhte im Heckenschatten, war mit seinen Gedanken allein und kehrte von Licht und Luft durchglüht abends heim. Es war nicht zu fassen, daß diese schöne Zeit so ein Ende nehmen mußte, aber die Warnung war überdeutlich gewesen.

Während er Ronait auf dem Fischjägerpfad folgte, zerbrach sich Crithir den Kopf, wie seine Mutter an das Amulett mit dem Druidenzeichen gekommen sein mochte. Er fand keine Antwort darauf. Und er begriff auch nicht, wieso es ihm gleichzeitig Hilfe und Unheil bringen konnte. Doch er wußte, daß Tabus keine Erklärung brauchten, weil sie unabänderlich waren wie Liebe und Tod, die nicht nach Gründen fragten. Er konnte nur versuchen, der Bedrohung auszuweichen, damit seine Tabus ihm nicht wie einst Cuchulain vorzeitig das Leben abbrachen.

Das unheimliche Gefühl von heute früh hatte ihn noch nicht verlassen, aber seine Zuversicht wuchs. »Bald werden wir den Sinnan sehen!« rief er Ronait zu. »Wir müssen ein Boot finden, mit dem wir stromaufwärts kommen, dann haben wir es bald geschafft. In zwei, drei Tagen sind wir in Thomond.« Ronait reagierte nicht. Sie hielt ihr Bündel an sich gepreßt und blickte an ihm vorbei nach Norden. Plötzlich ging ihm auf, wie einsilbig sie die ganze Zeit gewesen war und daß sie ihn unterwegs kein einziges Mal angesprochen hatte.

Er faßte sie an und fragte beunruhigt: »Ronait, was ist mit dir?«

Sie wehrte mit Tränen in den Augen ab und schüttelte den Kopf.

»Ist es wegen Dub?« fragte er. »Möchtest du ins Sumpfland?«

»Ja«, sagte sie und bemühte sich, das Weinen zurückzuhalten. »Und es ist wegen uns. Ich weiß nicht, was aus uns werden soll, und ich kann auch nicht darüber reden.«

Crithir küßte ihre Wimpern. »Wir gehen zu Dub, ganz bestimmt!« versprach er. »Ich begrabe meinen Vater, wir lassen Oengus eine Nachricht zurück und machen uns auf den Weg zur Schmiede.«

Ronait sah ihn verzweifelt an.

»Hör auf, dir Gedanken zu machen«, redete Crithir ihr zu.

»Verlaß dich darauf, alles wird gut. Komm, jetzt kümmern wir uns um ein Boot.«

Hinter einer Uferbank duckten sich Hütten. Sie sahen schmutzig aus, die Luft roch faulig und verdorben, überall lagen Muschelreste, Kiemen vertrockneter Fische und zerrissene Angelschnüre. Zwischen den Abfällen huschten die Ratten. Frauen kauerten auf ihren Fersen und flochten Binsen, Kinder mit braunen Zehen wühlten im Unrat. Hinter einer Hütte entdeckten sie einen Mann, der eine Angelschnur verzwirnte. Sie blieben stehen und grüßten. Der Mann musterte ihre Waffen, betrachtete argwöhnisch die Bündel, sprang auf und lief in sein Haus. Mit einer Keule erwartete er sie im Türloch.

»Wir kommen in Frieden«, sagte Crithir. »Wir suchen ein Boot, das uns flußaufwärts bringt. Ich gebe dir Gold, wenn du uns helfen kannst«, fügte er hinzu und zog Uislius Ring vom Finger. Der Mann reckte den Hals, stellte die Waffe ab und griff nach dem Schmuckstück. »Wohin wollt ihr?« fragte er und verknotete den Fingerreif in seinem Schenkeltuch.

»In die Richtung von Thomond, soweit es mit dem Boot geht«, antwortete Crithir.

»Ich bringe euch«, sagte der Mann. »Morgen früh. Kommt ins Haus. Ihr könnt Herdfeuer haben und Fisch. Mehr habe ich nicht.«

Die Hütte war nicht mehr als ein Loch zwischen Steinen, Lehm und Reisig, das gerade nur Schutz vor Wind und Wetter bot. Ronait zog scharf die Luft ein, es roch durchdringend nach Urin. Crithir zuckte die Schultern. »Jedenfalls wird uns hier niemand suchen«, meinte er. Sie legten Gepäck und Waffen ab und gingen ans Wasser, um frische Binsen zu sammeln.

Während sich die Schatten streckten, saßen sie am Fluß, der die ganze Landschaft einnahm. Neben dem breiten Hauptstrom des Sinnan gingen zahllose Nebenarme dem Meer entgegen, bildeten Schleifen, breite und schmalere Wasserpfade zwischen den efeuüberwucherten Inseln, denen weite, von goldenen Schwertlilienbetten gesäumte Sumpfniederungen vorgelagert waren. Darüber stoben Vogelwolken, Reiher und Kormorane fischten an den Ufern, Wasserhühner schoben schäumende Wellen vor sich her, und ein vielstimmiges Kreischen, Schmettern und Flügelschwirren erfüllte die Luft bis hinauf zu den Adlern, die zwischen den Himmelsufern in der rosafarbenen Wolkendünung kreisten.

»Ich möchte schwimmen«, sagte Crithir und streifte das Gewand über den Kopf. Seine Narben und Wundreste hoben sich scharf von der braunen Haut ab, und der Goldanhänger zwischen seinen Brustspitzen gleißte im Sonnenuntergangslicht. »Willst du mit?«

»Ich bleibe am Ufer«, antwortete Ronait, zog den Rock von hinten nach vorn zwischen ihre Beine und watete ins Wasser. Crithir schwamm gemächlich ein Stück flußauf und ließ sich dann mit der ruhigen Strömung treiben. Er sah Ronait klein und allein an der Uferbank stehen und unbewegt in seine Richtung schauen. Ich kenne sie erst ein paar Wochen, dachte er. Und doch ist es so, als wäre ich immer schon bei ihr gewesen.

Das Boot brachte sie am nächsten Abend in einer nördlichen Seebucht an Land. Sie hatten tagsüber vor sich hingedöst, die Hände durchs Wasser streichen lassen und dem Fischer zugeschaut, der mit dem Seitenruder das Einbaumboot am Wind hielt. Lange Fäden silbriger Spinnengewebe wehten durch die Luft, und in der Ferne riefen sich Wölfe Jagdrufe zu. Nachdem sie ausgestiegen waren, wendete der Mann nach kurzem Abschiedsgruß das Boot und trat, obschon die Nacht bereits hereinbrach, gleich wieder die Rückfahrt an.

Zwischen Holunderbüschen stapften sie hangaufwärts und schauten sich nach einem Schlafplatz um. Bis sie ihre Decken ausgebreitet hatten, war der fast noch volle Mond im Südosten aus dem Schilf gestiegen und überschüttete sie mit blaugrünlichem Licht.

Ronait lag zusammengerollt auf der Seite. Crithir liebkoste ihr Haar, und sie drückte sich an ihn und wehrte ihm zugleich. »Ich wollte, wir hätten uns nie gesehen«, sagte sie unglücklich. Er spürte, wie ihre Schwermut ihn einfing, und wußte nicht, wie er sie erreichen sollte. Nach langem Schweigen sagte er: »Ich weiß nicht, was dir Angst macht. Aber was auch wird, wir verlieren uns nicht. Wir warten aufeinander im anderen Land.«

»Ja«, sagte sie, »und du mußt mir versprechen, daß du immer daran denkst!«

Er merkte, bereits im Halbschlaf, wie Ronait nach seiner Hand suchte und ihr nasses Gesicht darauf legte.

Tags darauf standen sie in der Ebene zwischen Sumpf und Bergen, wo Ruad seinen Tod gefunden hatte. Zwischen aufgeschossenen Gräsern stießen sie auf Reste von Wagenrädern, gesplitterten Lanzenschäften und die Gebeine derer, die unbestattet Morrigans Wölfen zugefallen waren. Im Moor entdeckte Crithir auch die Knüppelwege, auf denen die Hilfstruppen der Deisi sich hinter die Corco Mruad geschlichen hatten. Semuine hatte nicht gelogen. Verrat hatte den König in eine tödliche Falle getrieben.

Nachmittags erreichten sie ihr Ziel, Thomonds Königsfestung, die hinter einem Regenbogen überm Tal plötzlich vor ihnen auftauchte. Sie vernahmen hinter sich einen Wagen und traten beiseite, um die Spur freizumachen. Ein einzelner Mann hielt die Zügel über den Bronzerädern, rasselte die Straße entlang und drehte sich im Vorbeifahren nach ihnen um. Fast noch im gleichen Augenblick brachte er die Pferde so hart zum Halt, daß die Deichsel mit dem Joch hochschnellte. Der Fahrer ließ die Zügel fallen, nahm seinen Stab und kam auf sie zu.

Es war Ruman, der Druide Ruads. Er beachtete Ronait nicht, trat vor Crithir hin und berührte ihn an Brust, Stirn, Armen und Beinen. Seine Hände bebten. »Du bist es, junger Herr!« sagte er mit verhaltenem Atem.

Crithir hatte sein Bündel von der Schulter genommen und zeigte auf die Binsentasche mit dem Kopftuch. »Ich habe den Kopf meines Vaters von den Deisi geholt. Rufe die Totenklage aus, ich will seinen Gedenkstein pflanzen!«

Ruman sah ihn fassungslos an. »Ich sehe, du bist es wirklich«, stieß er hervor. »Wie kommst du hierher?«

»Die Götter wollten mein Opfer nicht«, sagte Crithir und merkte auf einmal, wie unwirklich weit weg die Nacht im Hain, der Hirsch, das Erwachen in der Grube inzwischen war. »Ich erzähle dir später alles genau. Aber erst muß ich mit dir über Larene reden. Er hat Ruad an die Deisi verraten und will ihnen unser Volk tributpflichtig machen. Ich habe die Beweise.«

Ruman blickte Crithir nachdenklich an. »Ich weiß, dein Onkel hat große Pläne«, meinte er endlich. »Das hier, die Königswürde von Thomond, ist in seinen Augen nur ein Anfang.« Er deutete mit dem Stab die Festung hinauf. »Larene will die Macht in ganz Eriu, sein Ziel ist, Hochkönig aller Stämme des Landes zu werden.« Jetzt erst schien er

160

Ronait zu bemerken und fragte: »Wer ist die junge Frau bei dir?«

»Ronait kommt aus dem Sumpfland«, erklärte Crithir. »Der Schmied, bei dem sie lebt, hat mir die Fesseln gelöst, als ich halbtot im Sumpf lag.«

Der Druide schüttelte den Kopf. »Die Wege der Götter sind unerforschlich«, sagte er. »Kommt, ihr beiden, steigt auf, wir fahren zu meinem Haus.«

Ruman schickte Frauen, Sklaven und Mägde aus der Halle und setzte sich mit Crithir und Ronait an die Feuerstelle. »Gut, daß sie dich nicht kennen, junger Herr«, schmunzelte er, »sonst käme ich auf meine alten Tage noch in den Ruf, mit den Schatten der Toten Umgang zu pflegen! Also berichte.«

Crithir erzählte von Semuine und beschrieb die versteckten Knüppelwege im Sumpf. Als er geendet hatte, sagte Ruman: »Ich glaube dir. Der Verrat liegt auf der Hand. Und was willst du tun?«

»Mit dem Schwert Larene öffentlich zur Rechenschaft fordern.«

Der Druide stand auf, legte Torfstücke nach, ließ sich die Binsentasche zeigen und betrachtete Ruads Kopf. »Du allein gegen deinen Onkel, das geht nicht, junger Herr!« entschied er. »Die Sache ist für uns alle wichtig. Außerdem hat Larene seine Speermänner und Söldner bei sich. Nein, wir müssen uns vorher mit Freunden absprechen. Am besten gleich, ehe ein Gerücht von deiner Wiederkehr an das Ohr des Königs dringt. Ich lasse euch Bottichwasser, Gewänder und Speisen bringen. Inzwischen fahre ich über Land und berede mich mit einigen Männern, auf die wir zählen können.«

Es tat gut, im heißen Wasser zu sitzen, sich abzuseifen, neue Kleider anzulegen, frisches Fleisch, Zwiebeln und Malzbier vorgesetzt zu bekommen. Sogar Ronait wurde plötzlich ausgelassen, neckte Crithir wegen seiner verwilderten Haare und flocht ihm Zöpfe in den nassen Schopf. Später erschienen Frauen, setzten sich mit Spindel und Wolle ans Feuer, eine Magd brachte Würfel und Spiele, Kinder tollten, und alles redete und spaßte durcheinander. Als es dunkel wurde, vernahmen sie Rumans Wagen. Ein Sklave rannte herbei und öffnete seinem Herrn die Tür. Crithir faßte nach seinem Schwert.

»Ich fahre euch zum König«, sagte der Druide, nachdem er ans Feuer getreten war. »Larene ist in seiner Halle. Nimm auch das Bündel mit!« fügte er hinzu und wies auf die Tasche mit dem Kopftuch. »Und du wirst unterdessen besser bei den Frauen bleiben«, wandte er sich an Ronait.

»Nein, ich komme mit«, erklärte sie und sah Crithir an.

Der nickte, zog Ronait zu sich und sagte: »Wir sind bereit.«

Die Trinklager im Saal waren voll besetzt, über den Feuerstellen briet Fleisch, dampften die Kessel, Mägde füllten Trinkhörner und Becher. Larene saß, umgeben von seinen Speermännern, auf dem Platz des Königs. Crithir fragte sich einen Augenblick, wie er ohne Aufsehen bis zu Larene gelangen konnte. Aber Ruman winkte ihn und das Mädchen hinter sich her, ging voran bis zur erhöhten Königsbank, verneigte sich und nahm an einem seitlichen Tisch Platz, wo ihn ein paar Männer begrüßten.

Larene mußte zweimal hinsehen, bis er Crithir erkannte. Er schluckte, hielt die Luft an und stemmte beide Hände auf den Tisch. Einer der Speerleute beugte sich beunruhigt zu ihm hinunter, aber Larene schickte den Mann mit einer ungehaltenen Bewegung an seinen Platz.

»Crithir«, sagte er so langsam, als brauchte er Zeit, um zu

begreifen. Dann holte er Luft, lehnte sich zurück und fragte: »Du lebst und bist wiedergekommen?«

»Ja«, sagte Crithir laut, »ich bin es!« Er merkte, wie es auf einmal sehr still um ihn wurde, blickte seinem Onkel ins Gesicht und erklärte: »Ich bringe den Kopf meines Vaters, damit das Volk der Corco Mruad die Totenklage für seinen König anstimme, den du, Larene, verraten hast.« Damit hob er den Kopf in die Höhe, daß man in der Halle das in einer Maske von Falten verzogene Gesicht des Toten sehen konnte, und legte Ruads Haupt vor Larene auf den Tisch. Erregte Stimmen meldeten sich. Larenes Augen ließen Crithir nicht los. Er hob die Hand, verlangte Ruhe und fragte: »Du hast dir überlegt, was du sagst?« Seine Stimme klang leidenschaftslos und gefährlich.

Crithir spürte, wie Ronait neben ihm zusammenzuckte. Er faßte nach ihr und sah in den Saal. »Ihr Edlen, Männer und Frauen von Thomond«, sagte er und zwang sich, besonnen zu reden. »Ich war in Muma, um Tötungsbuße für meine Brüder zu fordern. Von Semuine, dem Deisifürsten, habe ich von geheimen Absprachen zwischen ihm und meinem Onkel erfahren. Unser Volk soll den Königen des Südens tribut- und geiselpflichtig werden!«

Larene erhob sich. »Misch dich nicht in Sachen, von denen du nichts verstehst!« rief er.

Crithir fuhr herum. »Ich habe den Preis gehört, den dir dein Bruder wert war«, sagte er drohend. »Um statt seiner auf der Königsbank zu sitzen, hast du Ruad und sein Heer in die Falle der Deisi geführt. Der Tod meines Vaters war besiegelt, noch bevor er den Kampfplatz betrat!«

Mit einem Ruck hatte Larene den Wachen einen Speer entrissen. »Nein«, schrie Ronait und warf sich zwischen

Crithir und die Waffe. Das Wurfgeschoß fuhr mit einem häßlich knirschenden Laut in ihre Brust, riß sie herum und schleuderte sie in Crithirs Arme. Ihr Gesicht streifte das seine, und ihre Augen begegneten sich.

»Ronait«, flüsterte er tonlos, schaute auf den Speerschaft und sah ohne zu begreifen das Blut an ihrem Gewand. Für einen Augenblick schien die Zeit stillzustehen, dann gellten Schreie, und plötzlich brüllte und rief alles durcheinander, Waffen klirrten, die Pfosten der Halle dröhnten, Lanzen jaulten über das Metall der Buckelschilde. Crithir umklammerte Ronaits schwergewordenen Körper, ging langsam in die Hocke und starrte sie an. Sie versuchte zu lächeln, hob ihre Hand und faßte an seinen Mund.

»Ronait«, bat er, »sag doch was!«

Das Lächeln in ihrem Gesicht erlosch. »Gib Tomas mein Amulett«, hörte er sie wie von weither, dann fiel ihr Kopf in den Nacken.

Crithir ließ sie zu Boden gleiten, faßte nach dem Speer, löste ihn aus der Wunde und nahm Ronait in die Arme. Ein Lanzenschaft prellte seinen Kopf, glimmende Torfreste überschütteten ihn, aber er merkte nichts. Er hatte Ronaits Gesicht an seine Schulter gebettet, streichelte sie und stieß klagende Wehlaute aus, bis er endlich ganz verstummte.

Undeutlich nahm er wahr, wie der Tumult um ihn allmählich nachließ. Jemand befahl: »Bringt Streu, bettet die Verwundeten an die Wand, laßt die Toten vor die Halle tragen!«

Crithir blieb bei der Feuerstelle sitzen, vernahm Stimmen und Arbeitsgeräusche. Mädchen schleppten Wasser herbei, Frauen kamen und lösten Ronait aus seinem Arm. Er ließ sie gewähren, saß unbeweglich auf seinen Fersen, und seine Finger tauchten in die Asche.

Später fand Ruman ihn an der toten Feuerstelle. Er bückte sich zu ihm und und sagte: »Es ist aus, Larene ist tot.« Als Crithir nicht reagierte, fragte er: »Hörst du mich, junger Herr?«

Crithir nickte.

»Die Frauen haben das Mädchen gewaschen. Ich habe ihren Anhänger an mich genommen. Es ist ein kleiner Lederbeutel. Sonst trug sie weder Ring noch Gold.«

»Nein, nur den Beutel«, bestätigte Crithir leise.

»Ich habe hineingeschaut«, sagte Ruman. »Es lag ein Schmuckstück darin. Ich denke, es war ihr Amulett.« Er drückte Crithir ein Medaillon in die Hand. Es war das Gegenstück zu seinem. Der Junge betrachtete es wortlos. Dann griff er in den Hemdausschnitt, schüttelte aus dem Döschen sein Amulett und legte es neben Ronaits Medaillon.

»Fands Ohrgehänge«, sagte der Druide. »Ich habe es oft an ihr gesehen, bevor eure Mutter den König verließ. Sie hat euch, ihren Kindern, je eins davon gegeben.«

Crithir ließ den Kopf sinken.

»Hast du gewußt, daß ihr Geschwister seid?« fragte Ruman. Der Junge verneinte, die Augen voller Tränen. »Aber Ronait wußte es«, sagte er. »Zuletzt war ihr klar, was mit uns geschehen war.«

»Grausame Götter!« seufzte der Druide. »Sie führten euch zusammen, nur um euch wieder zu trennen. Morgen werden wir Fands Tochter den Grabhügel aufwerfen. Möchtest du solange zu mir ins Haus?«

»Nein«, sagte Crithir. »Ich will bleiben, wo sie starb.«

Friede den Inseln

Mit Scheu habe ich, Tomas, diesen Bericht niedergeschrieben. Es ist eine Geschichte voll Gewalt, Tränen, Liebe und schuldloser Schuld, eine durch und durch heidnische Geschichte. Iosa Criost sei Dank, daß die Geschehnisse dann aber wenigstens noch ein halbwegs versöhnliches Ende nehmen durften.

Eine Woche nach dem dramatischen Aufbruch von Crithir und Ronait beschlossen Oengus und ich, den beiden zu folgen. Eine merkwürdige Unruhe war Oengus angekommen, als habe er die schrecklichen Dinge geahnt, die sich unterdessen in Thomond ereignet hatten. Er bat mich, ihn zu begleiten. Ich tat es gern und unverzüglich. Auch ich konnte mich böser Befürchtungen nicht erwehren, und überdies verband mich inzwischen mit Oengus eine tiefe Zuneigung. Meine Armeskraft mochte ihm zwar nicht viel Schutz bieten, dafür aber mein priesterliches Ansehen als Druide, denen die Menschen hierzulande mit äußerster Ehrfurcht begegnen. Außerdem steckte ich meine Handglocke zu mir, deren Ton mir schon manches Mal half, unter lauter Anrufung Gottes gewalttätige Menschen in die Flucht zu schlagen.

Wir segelten die Küstenlinie entlang, erreichten Thomond und von dort ungefährdet auf dem Landweg die königliche Ringfestung. Dort fanden wir Crithir an der Feuerstelle. Ruman hatte uns die tragischen Ereignisse mitgeteilt, die zum Tod der jungen Frau geführt hatten. Ich spürte schmerzliches Mitgefühl mit Crithir. Auch mir kamen Tränen, als ich an Ronaits Grab stand, und ich fragte mich, ob es nach den Lehren der heiligen Kirche wohl zulässig sei, für ein verstorbenes Menschenkind noch die Taufgnade zu erbitten. Ich wußte es nicht, aber ich weihte wenigstens Wasser und sprengte es über die Erde, in der sie ruhte, sprach die Totengebete und schüttelte über ihrem Grab meine Handglocke, um die Dämonen der Heiden zu vertreiben.

Später setzte ich mich zu Crithir und sagte ihm, daß ich Ronaits Grab mit heiligem Wasser gesegnet hatte. Aber ich war mir nicht sicher, ob er überhaupt meine Worte begriff. Er hatte noch immer nicht in die Gegenwart zurückgefunden. Ich nahm ihm die beiden Medaillons aus der Hand, und er überließ sie mir ohne Widerspruch. Auf Ronaits Anhänger war die Anbetung der heiligen drei Könige in zierlichen Goldfigürchen abgebildet, das Christusmonogramm auf der Rückseite dagegen war bei beiden Stücken gleich.

Ich verstand allerdings damals noch immer nicht, warum Crithir beim Anblick meines Psalmbuchs so panisch davongestürzt war. In seinem jetzigen Zustand konnte ich ihn auch nicht danach fragen. Das tat ich erst viel später auf den Arans, und er berichtete mir von dem heidnischen Zauberritual der Imbas Forosnai, bei dem Sodelb ihn vor dem Gegenstück seines Amuletts gewarnt hatte. Ich war tief erschüttert, nein, zornig über die Macht, mit der die heidnischen Dämonen das Leben dieser armen unwissenden Menschen plagen.

Aber als ich neben Crithir in der Asche saß und die beiden Ohranhänger betrachtete, die Fand, des Königs dritte Frau, ihren Kindern hinterlassen hatte, kamen die Selbstvorwürfe. Vielleicht, so mußte ich mir eingestehen, hätte ich den schrecklichen Tod Ronaits verhindern können.

Ich hatte die Ähnlichkeit der jungen Leute bemerkt und doch nicht weiter darüber nachgedacht. Dabei hätte ich Ronait nach ihrer Mutter fragen können. Unter Umständen hätte sich dabei eine Spur aufgetan, die nach Thomond, zu Ruad und diesem jungen Mann führte, der ihr Bruder war. Aber ich hatte versäumt, die richtigen Fragen zu stellen. Blind vor Bekehrungseifer war ich mitschuldig an Ronaits Tod geworden.

Mit Bran, dem königlichen Steuermann, segelten Oengus und Crithir zu den Arans. Ich begleitete sie, weil ich Crithir nicht allein seinem Schicksal überlassen konnte und auch Oengus zur Seite stehen wollte. Ich war in die Geschichte der beiden hineingezogen worden und konnte mich daraus nicht einfach wieder davonstehlen.

Auf den Inseln wurde mir dann sehr bald klar, daß Aran kein vorübergehender Aufenthalt, sondern der Ort einer neuen Berufung für mich war. Ich kehrte zu den Ciarraige zurück, übergab Eoin die Verwaltung meiner Pfarrei, empfahl den Bruder dem Schutz ihres Fürsten Conganchnes und begab mich auf die Inseln, um dort zu bleiben.

Wer heute von Aran spricht, hat auch schon von Dun Oengus gehört, dem Festungswerk, das Oengus in diesen Jahren über der Steilküste erbauen ließ. In einer Zeit, da die Stämme Erius sich mit Krieg überzogen, jeder nach Heldentaten lechzte, Nord und Süd um die Vorherrschaft in den Provinzen stritten, war sein ganzes Bestreben darauf gerichtet, Aran den Frieden zu bewahren.

Seine Idee war ebenso einfach wie genial, sie wäre eines großen Feldherrn würdig gewesen.

»Unser Inselvolk ist schnell gezählt, davon müssen wir ausgehen«, sagte er. »Einem entschlossenen Angreifer können wir nicht ernsthaft Widerstand leisten. Wir müssen uns also auf Verteidigung einrichten, und dazu brauchen wir eine Festung, die jedem trotzt. Sie soll an der Steilküste stehen, dreihundert Fuß über der Brandung. Und wir bauen die ganze Anlage so groß, daß wir im Ernstfall sämtliche Vorräte darin unterbringen können. Wer uns angreift, findet leere Häuser, Ställe und Keller. Auf diese Weise hungern wir unsere Belagerer aus!«

Immer wieder sprachen Oengus, Sodelb und ich das gigantische Unternehmen in allen Einzelheiten durch, ehe wir an die Ausführung gingen. Ich konnte der Planung noch ein wichtiges Element hinzufügen. »Ich schlage eine zusätzliche Sicherung vor«, sagte ich. »Wir umgeben den Mauerring mit einer Armee steinerner Soldaten, mit Tausenden ineinander verkeilten, scharfen Steinblöcken, jeder drei oder vier Fuß hoch. Eine solche Anlage habe ich in Hispania, meiner Heimat gesehen. Eine Handvoll Schleuderer auf der Mauer könnte so einem ganzen Heer widerstehen. Denn jeder Angreifer bliebe in den Lanzen unserer steinernen Krieger hängen.«

Der Plan wurde ausgeführt. Wir benötigten ein paar Jahre Bauzeit. Auch ich habe mir dabei Schwielen an den Händen geholt. Ich schlug und spaltete Steine, schleppte Sand und Kies herbei, überprüfte die Mauermaße, kurz, mir war keine Anstrengung zuviel, denn für mich war unsere Arbeit Gottesdienst. Dun Oengus, wie man das Befestigungswerk heute bereits nennt, dient allein der Verteidigung. Sicherer als vielhundert blutrünstige Krieger werden seine Mauern unserem Aran den Frieden erhalten. Schon seine Existenz genügt, jeden Eroberer fernzuhalten, und Dubs Schwert, das Oengus jetzt trägt, wird hoffentlich niemals die Inseln gegen räuberische Feinde verteidigen müssen.

Oengus war von den Druiden nach dem Tod Uislius zu dessen Nachfolger ausersehen worden. Zähneknirschend mußte ich mit ansehen, wie er nach heidnischem Brauch den Arans als neuer Gemahl angeheiratet wurde. Er hatte eine Nacht zwischen den Beinen einer weißen Stute zu verbringen. Am Tag darauf wurde das Tier zerteilt und gekocht und das Wasser dem neuen Herrscher als Bad bereitet, in dem er mit allem Volk das Opfertier verzehrte und von der ekelhaften Brühe trank. Ich mußte mit Gewalt an mich halten, um nicht mit meiner Glocke dazwischenzufahren! Ich flehte zu Gott, er möge mir Kraft verleihen, diese Menschen von den schändlichen Wegen ihrer Väter abzubringen.

Der Höchste hat meine Gebete erhört. Oengus hat die Taufgnade begehrt, und wie er sind viele von den Sippenhäuptern und Edlen der Inseln zum Stamm der Kirche hinzugezählt worden. Sogar Druiden, aber auch einfache Fischer, Kinder und Sklaven. Während Rom von germanischen Horden überrannt wird, wie ich gerüchtweise von seefahrenden Händlern erfuhr, und der Rückfall in Barbarei die Heimatländer der Kirche bedroht, wächst auf den Arans ein neuer Zweig der Hoffnung heran. Iosa Criost, der Name unseres Gottes sei gepriesen!

Es fällt mir schwer, die Feder zu den allerletzten Zeilen meines Berichtes anzusetzen, denn das bedeutet für mich, noch einmal von Crithir, meinem anderen Freund, Abschied nehmen zu müssen. Ich hatte heute abend mein Schreibgerät beiseite gelegt, war an die westliche Küste gegangen, bin dort sitzen geblieben und habe in die untergehende Sonne geschaut, bis nur noch ein matter Glanz zwischen den Wolken stand. Jetzt bin ich in meine Klause zurück, habe einen neuen Binsendocht ins Öl gelegt und mein Schreibgerät wiederaufgenommen. Doch es ist mir inzwischen nicht leichter geworden.

Durch Vermittlung von Oengus hatte König Uisliu mir ein

kleines, halb verfallenes Gehöft zur Verfügung gestellt, das ich mit Crithir bezog. Wir deckten das Dach neu mit Ried, besserten die Lehmwände aus, verspannten die Fensterlöcher mit frisch geölten Häuten, legten einen großen Gemüsegarten an und gingen Torfstechen für den Winter. Wir waren mit den vielen Arbeiten so sehr beschäftigt, daß wir nicht viel miteinander sprechen mußten. Worüber hätten wir auch reden sollen? Crithir war so zurückgezogen in seiner Trauer, daß von der Welt für ihn nichts geblieben war als der Schmerz. Oengus kam hin und wieder gefahren oder geritten, doch auch seine Besuche verbesserten Crithirs Zustand nicht. Er fragte nicht nach ehemaligen Gefährten, wollte den Waffenhof nicht wiedersehen, suchte nicht einmal Sodelb oder Jaca auf, sondern mied alle früheren Vertrauten und Freunde, als gehörte seine Erinnerung nur noch dem Gedächtnis der Toten.

Die Monde wechselten, ich ließ Crithir Zeit. Er fügte sich der täglichen Ordnung meines Lebens, in die einzelnen Tageszeiten, die im ständigen Rhythmus dem Gebet, der Arbeit und meiner Lektüre vorbehalten sind. Er aß aus meiner Schüssel Kohl, Hülsenfrüchte, Kresse vom Bach, Mehlbrei mit Wasser, ein Stück Brot, einfache Mahlzeiten, die den Leib nicht beschweren und den Geist nicht schwächen. Bisher war Crithir andere Kost gewohnt, Braten in jeden Mengen, Met und Bier, an denen die Heiden ihre Baucheslust haben. Er schien das alles nicht mehr zu vermissen. Ein Stück Honigwabe, frischer Fisch und gelegentlich eine Schüssel Käse waren ihm Abwechslung genug. Wir lebten sehr einfach. Auch in seiner Kleidung erinnerte nichts mehr an seinen früheren Stand. Wie ich ging er ohne Gold und allen Zierat in der einfachen Kutte eines Schafhirten.

Auf diese Weise vergingen Wochen und Monate, bis Crithir eines Tages die Harfe entdeckte, die Oengus irgendwann ins Haus gebracht hatte. In Tuch verpackt stand sie schon eine ganze Zeit neben meinem Schrein, ohne daß er jemals danach geschaut hätte. Ich selbst konnte mit dem Instrument auch nichts anfangen, denn obgleich ich gern zum Lob des Höchsten meine Stimme erhebe, verstehe ich mich nicht darauf, die Saiten zu schlagen. Als Crithir die Harfe in die Hand nahm, war ich verwundert, wie kundig er damit umging, das trockene Holz wachste und polierte, die neun Darmsaiten spannte und sie auf ihre verschiedenen Tonhöhen stimmte. Eines Abends überraschte er mich damit, daß er meine Psalmmelodien auf dem Instrument begleitete.

Das war der Durchbruch, denn plötzlich bestürmte er mich mit Fragen, lernte Lesen und Schreiben, vertiefte sich in den Kalender und versuchte sich im Rechnen. Er eiferte im Lernen, als hätte er ein ganzes Leben nachzuholen. Wie sehr erkannte ich jetzt in ihm den inbrünstigen Wissensdrang seiner Schwester! Allerdings, ich unterließ es, ihn zu drängen wie damals Ronait. Doch Ostern fragte er mich: »Tomas, gibt es einen Grund, der dich hindert, mich zu taufen?«

»Nein«, antwortete ich bewegt. »Du bist würdig, Bruder, das Sakrament des Herrn zu empfangen.«

Am siebten Tag der Woche darauf, dem Sonntag Quasimodogeniti, auch Weißer Sonntag genannt, taufte ich Crithir im Tauchbad meiner Quelle. Wir umarmten einander mit dem Friedenskuß und brachen gemeinsam das gesegnete Brot der Eucharistie.

Wir wohnten noch einige Zeit zusammen, dann errichtete sich Crithir am Hundskopfende der Insel seine eigene Klause. Als sie fertig war, sah das Gebilde aus wie eine von den Steinhütten, in denen die Hirten nächtigten, nur geräumiger und solider. Rund, von unten bis zum Schlußstein des gewölbten Daches aus Trockensteinen aufgeführt, ähnelte seine Klause eher einem gemauerten Hügel als einem Menschenhaus.

Es war deutlich, daß Crithir sein Leben anders führen wollte als ich. Während ich fast ständig unter Menschen war, so daß es mir oft Mühe machte, meinen Tageszeitgebeten nachzukommen, verließ Crithir sein Hügelhaus so gut wie nie.

Aber die Menschen kamen zu ihm. Die seine Harfe hörten, meinten, es sei die Musik von Elfen darin. Jemand wollte gesehen haben, daß ein Vogel auf seinen zum Gebet erhobenen Händen Halme für ein Nest zusammentrug. Sein Leben wurde binnen kurzem zur Legende.

Er lebte zurückgezogen. Wer ihn sehen wollte, mußte ihn besuchen. Ich machte es mir zur Gewohnheit, Crithir jede Woche eines meiner selbstgebackenen Brote mitzubringen. Meistens setzten wir uns an den Rand des kleinen Feldstücks, das er bewirtschaftete, denn ich hatte herausgefunden, daß er im Inneren seiner Steinhöhle nicht gern andere Menschen sah. Während dieser Besuche habe ich im Lauf der Jahre Stück für Stück die Einzelheiten der Geschichte erfahren, die ich vor Monaten niederzuschreiben begann.

In den Tagen um die Kalenden des Juli habe ich Crithir zum letztenmal gesehen. Wie gewöhnlich hatte ich ein Brot für ihn unter meinem Arm. Als ich in die Nähe seiner Klause kam, sprang aus dem Türloch ein Hund hervor, rotbraun, verwildert, wie man sie gelegentlich zwischen den Feldern oder auf den Weiden sieht.

Ich erschrak und rief nach Crithir. Er kam in die Tür, und der Hund lief zu ihm und hob die Nase.

Crithir lächelte zu mir hinüber und fragte: »Hat er dir Angst gemacht?«

»Ja«, sagte ich offen, denn ich hatte seine starken Zähne gesehen. »Bruder, du solltest lieber unter Menschen gehen, als dich mit so einer Kreatur abzugeben«, mahnte ich ihn, denn ich bemerkte, daß die beiden vertraut miteinander umgingen und sich kannten.

»Er ist mir zugelaufen«, erklärte Crithir. »Was soll ich machen, er läßt sich nicht wieder wegschicken.«

Der Hund saß den ganzen Nachmittag bei uns und wich keine Handbreit von Crithirs Seite. Ich war entschlossen, beim nächsten Besuch meine Handglocke mitzubringen, um das aufdringliche Tier zu vertreiben.

Beim Weggehen fragte mich Crithir: »Tomas, du hast noch die beiden Ohranhänger?«

»Ja, doch«, erwiderte ich erstaunt. »Was fragst du? Möchtest du sie bei dir haben?«

»Nein«, wehrte er ab. »Ronait wollte, daß du ihren Anhänger verwahrst. Und wo der eine ist, muß auch der andere sein, oder nicht?«

»Das tun sie auch«, erklärte ich. »Sie liegen beide zusammen in meinem Schrein.«

»Das ist gut«, sagte er und nickte mir zu. »Ronait und ich brauchen die Medaillons, damit wir uns in Tirnanog wieder-finden, verstehst du?«

»Ja«, sagte ich, aber in Wirklichkeit fragte ich mich, wie er nach all den Jahren von Ronait so reden konnte, als sei sie gerade erst fort.

Ich weiß nicht, ob er die Verwirrung in meinem Gesicht gesehen hatte, aber seine nächste Frage brachte mich voll-ends durcheinander.

174

»Was machst du mit den Anhängern, wenn ich einmal nicht mehr da bin?« erkundigte er sich.

»Bruder, was redest du?« antwortete ich bestürzt. »Wer spricht von Weggehen?«

»Sag es mir«, verlangte er. »Was wirst du mit unseren Medaillons tun?«

»Darüber muß ich noch nachdenken«, erwiderte ich und versuchte meine Stimme ruhig zu halten.

»Ich verlasse mich auf dich, Tomas«, sagte er. »Du weißt, wir brauchen sie.«

Ich kehrte mit einem schlechten Gefühl in meine Klause zurück, wollte nicht mehr länger an den Hund, Crithirs Worte und Fands Ohranhänger denken und beschloß, den Nachmittag zu vergessen. Es fiel mir auch nicht schwer, die ganze Angelegenheit von mir zu schieben, denn meine Amtspflichten nahmen mich in den folgenden Tagen sehr in Anspruch.

Als ich in der Woche darauf wieder nach Hundskopfende kam, dachte ich schon nicht mehr daran. Nicht einmal meine Handglocke nahm ich mit.

Ich sah Crithir nicht bei seinem Feldstück. Und als ich rief, erschien er nicht wie sonst in der Tür von seinem Hügelhaus. Ich bückte mich, sah hinein und fand alles vor wie immer. Die Schlafstelle mit der Streu, das Kreuz an der Wand, in der Nische die pergamentene Schriftrolle mit dem Psalter, den Crithir sich aus meinem Buch abgeschrieben hatte, der Napf fürs Morgenmus. Jedes Ding war an seiner Stelle, nur die Feuerstelle schien kalt. Aber, wie gesagt, es war Sommer, und wir zählten die Kalenden des Juli.

Ich ließ das Brot im Haus und machte mich auf den Heimweg. Aber als ich ein Stück gegangen war, hatte ich das Empfinden, etwas übersehen zu haben. Und plötzlich kam die Erinnerung an den Hund, das letzte Gespräch. Ich eilte zurück und wußte auf den ersten Blick, was in der Klause fehlte.

Es war Crithirs Harfe.

Die nächsten Gehöfte und Hütten lagen weitab. Trotzdem ging ich und forschte unter den Leuten, ob jemand Crithir gesehen hatte. Niemand konnte mir helfen, es war aber auch nichts Beunruhigendes zu erfahren. Erst in einer der letzten Behausungen fand ich Antwort. Zwei Fischer waren mit ihrem Boot auf der Westseite gewesen. Ja, da hätten sie ihn gesehen, unter Segel, in einem Curragh. Doch, sie seien sicher, daß es Crithir war. Hatte er nicht in der letzten Zeit stets diesen roten Hund bei sich? Ein Hund habe jedenfalls mit auf der Ruderbank gesessen, deswegen sei ihnen das Boot auch aufgefallen.

Ich lief, nein, ich rannte zu meiner Klause, tastete in meinem Schrein nach den Medaillons, und Gott sei gedankt, sie waren noch da! Ich nahm sie in die Hand. Das eine zeigte die Geburt in Bethlehem, das andere die Anbetung der Könige, auf der Kehrseite trugen beide das Christusmonogramm.

Dann stand ich wieder am Hundskopfende, der äußersten Südspitze unserer Insel, und warf Fands Ohrgehänge so weit ich konnte in die Brandung hinaus. Vielleicht suchten sich Ronait und Crithir bereits, brauchten ihre Zeichen, um einander zu finden und sich in Tirnanog zu vereinen. Ich schaute über das Meer nach Westen und gedachte der Worte, die geschrieben stehen: »Wenn der Herr uns erlösen wird, dann werden wir sein wie die Träumenden. Dann wird unser Mund voll Lachens und unsre Zunge voll Rühmens sein.« Ja, so ist es, bestätigte ich ergriffen, erhob meine Stimme und sprach laut den Psalmvers zu Ende: »Dann wird man sagen unter den Heiden, der Herr hat Großes an ihnen getan! Die mit Tränen säen, werden mit Freuden ernten, sie gehen hin und tragen Tränensaaten und kommen mit Freuden und bringen ihre Garben.«

CONNACHTA

Dun Eochla

Aran-Jnseln

Corco Mruad

THOMOND

Corco Baiscind

Sinna

Ciarraige

M

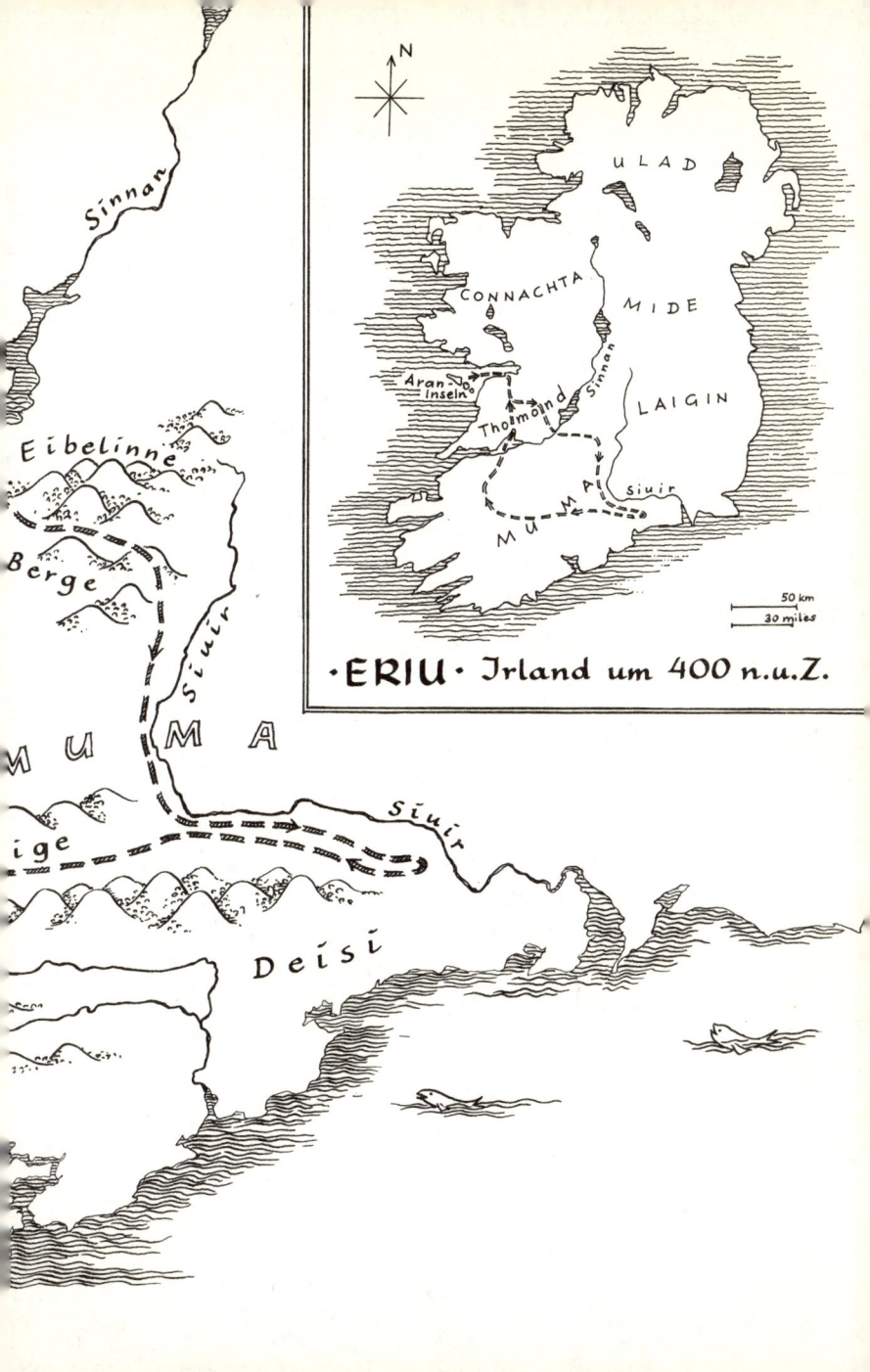

·ERIU· Irland um 400 n.u.Z.

Nachwort

Tirnanog rief, Crithir hörte, brachte sein Boot aus und ließ sich hinübertreiben ins jenseitige Traumland.

Für die Bewohner Alt-Irlands, dem keltischen Eriu, war das »Land hinter den Wellen« keine Phantasie. Im Gegenteil, die Anderswelt galt als die richtige Welt, nur das Diesseits mit seinen Kämpfen war ein unwirklicher, flüchtiger Traum. Erst jenseits davon, im Glücksland der anderen Seite, begann das wirkliche Leben. Da »gibt es weder mein noch dein«, und alle Menschen sind schön, »daß sie das Auge erfreun«, hier herrscht Friede und ewiger Frühling, so dichteten die keltischen Barden.

Irland selbst ist zu Crithirs Zeit (um 400 n. u. Z.) vielerorts noch unberührt, wegelos und mit undurchdringlichen Wäldern, Hochmooren und endlosen Sumpf- und Seenlandschaften bedeckt. Seine Besiedlung erfolgte spät im Lauf der europäischen Frühgeschichte, vor ungefähr achttausend Jahren, fast schon am Ende der Altsteinzeit. Darum konnte die Grüne Insel länger als das übrige Europa ihre ursprüngliche Wildheit bewahren.

Die keltischen Völker, die das Gesicht Irlands bis heute prägen, erreichten die Insel erst in den Jahrhunderten vor der Zeitenwende. Ihre hochentwickelte Kriegstechnik, Eisenwaffen und Streitwagen machten sie den alteingesessenen Bewohnern überlegen. Diese erlagen den keltischen Invasionen so vollständig, daß nur spärliche Spuren ihrer Kultur erhalten blieben. Dazu zählen als auffälligste Zeugnisse vorkeltischer Vergangenheit die unter mächtigen hügelartigen Aufschüttungen gelegenen, aus tonnenschweren Felsen konstruierten Ganggräber, von denen bisher einige hundert erforscht sind.

Schon das Aussehen der keltischen Eroberer mußte einschüchternd auf die eher kleinwüchsigen, dunkelhaarigen Ureinwohner der Insel gewirkt haben. »Ihr Anblick ist furchterregend«, stellen antike Geschichtsschreiber übereinstimmend fest. »Denn die

Kelten sind von außerordentlicher Körpergröße, haben einen überaus muskulösen Körper, helle Haut, naturblondes Haar, das sie zudem noch künstlich bleichen, und ihre Schwerter sind nicht kürzer als bei anderen Völkern der Wurfspieß.«

Sogar der Anblick keltischer Frauen löst Entsetzen aus. Sie werden als blonde Bestien geschildert, die im Kampf den Männern nicht nachstehen und »mit schwellendem Nacken, knirschenden Zähnen und hellhäutigen, enormen Armen mit der Wucht von Katapulten nach allen Seiten hin Stöße und Schläge austeilen.«

Auskünfte der antiken Zeitgenossen über die gefürchteten Kelten sind selten vorurteilsfrei und bleiben fast immer bruchstückhaft. Manches davon mutet eher wie Sensationsberichterstattung an. Archäologisches Fundmaterial, kritisch gesichtete Überlieferung und völkerkundliche Vergleiche machen es heute möglich, ein genaueres Bild von dem rätselhaften Volk zu gewinnen, das später fast völlig aus der europäischen Geschichte verschwand. Es kann als gesichert gelten, daß keltisch sprechende Völkerschaften im ersten Jahrtausend v.u.Z. im Donauraum ansässig gewesen waren und sich von dort aus über weite Teile des Kontinents verteilten. Den Kelten schien damals die Zukunft Europas zu gehören. Doch das Keltentum konnte seine Vorherrschaft nicht behaupten, und seine Macht zerfiel innerhalb weniger Menschenalter. Der Niedergang hatte einen doppelten Grund: Einmal war Krieg für die Kelten mehr persönlicher Kampfsport als ein nationaler Ernstfall, zum anderen widerstrebte den locker verbundenen Stammesgesellschaften jede Art von staatlicher Organisation. In beiderlei Hinsicht fanden sie in den Römern ihre Meister. Rom rückte zur Führungsmacht Europas auf. Ihre Legionen metzelten ganze keltische Völkerschaften nieder, verschleppten Hunderttausende in die Sklaverei und zwangen den Überlebenden die verhaßte römische Befriedigungspolitik auf, die den Besiegten sogar die eigene Religion und Sprache nahm.

Allein im abgelegenen Westen Europas unter den keltischen Völkern Irlands, den »Goidelen« oder »Gälen«, wie sie sich selber nannten, blieb das alte Erbe ungebrochen lebendig. Während die Caesaren ein Weltreich zusammeneroberten, stand auf der Insel die Zeit still. Die Gälen hielten zäh an ihren kulturellen Überlieferungen fest, »dem übereinstimmenden Gedächtnis der Alten, dem Weitergeben von Ohr zu Ohr.« Bis in Crithirs Zeit hatte die keltische Inselkultur noch kaum etwas von ihrem urtümlichen Charakter eingebüßt.

Man kennt im fünften Jahrhundert keine Städte auf der Insel, und nur wenige ausgebaute Straßen verbinden die verstreuten Siedlungen. Riesige Kuhherden, unzählige Schweine und Schafe sind der Stolz des Landes. Der Getreideanbau ist dagegen nur von untergeordneter Bedeutung und geht zu einem beträchtlichen Teil in die Bierproduktion. Fleisch stellt die Winternahrung dar, im Sommer hält man sich vor allem an Molkereiprodukte. Man gebraucht kein Münzgeld; Leistung und Gegenleistung werden nach ihrem Tauschwert, größere Geschäfte nach Cumal, dem Preis einer »Sklavin«, verrechnet. Nach einem alten Gesetzestext gehören zum typischen Haushalt eines freien Bauern zwanzig Kühe, zwei Bullen, sechs Ochsen, zwanzig Schweine, ebensoviele Schafe, vier Eber, zwei Zuchtsauen und ein Reitpferd. Als Haushalts- und Einrichtungsgegenstände werden unter anderem Waschtröge und Bottiche genannt, dazu Leuchter, Messer zum Binsenschneiden, eine Krummaxt, ein Bohrer, Säge, Schere und Beil, Wetzstein und Sichel, mehrere Lanzen zum Abstechen von Vieh und schließlich ein kompletter Pflug. Der Bauer und seine Frau haben »viermal Kleider zum Wechseln«. Das Wohngebäude ist siebenundzwanzig Fuß lang, außerdem zählen Ställe, Scheunen und Trockenräume zum Anwesen. Das Prunkstück ist ein Bronzekessel, »in den ein ganzes Schwein paßt«. Der Gesamtwert der Ländereien eines Freibauern wird mit siebenundzwanzig Cumal angesetzt.

In den Besitz der Insel teilen sich hundert bis hundertfünzig kleinere und größere Stammeseinheiten. Ihnen stehen gewählte Könige vor, wie Ruad oder Uisliu, die dem Adel entstammen. Der Herrscher gilt als Gatte der Muttergottheit seines Volkes und verbürgt in seiner Person das Wohlergehen und den Bestand der Gemeinschaft. Jeder Stamm ist politisch selbständig und unabhängig, sofern er sich nicht unter die Schutzherrschaft eines größeren Stammesverbandes stellt. Die Bewohner Erius hatten dieselbe Sprache, verehrten die gleichen Götter und fühlten sich als Nation, doch entstand trotz dieser Gemeinsamkeiten kein gesamtirischer Staat auf der Insel. Wie vorher bereits die kontinentalen Kelten konnten sich auch die Iren nicht mit der Idee befreunden, ihre Stämme einer Zentralregierung zu unterstellen.

Die keltische Gesellschaft funktioniert nach einem Dreiklassensystem. Die Adeligen bilden die Herrschaftsschicht, den Wehrstand. Die Zugehörigkeit zum Adel ist ein Geburtsrecht, man wird, wie Crithir oder Oengus, in seine Klasse hineingeboren. Es bestand allerdings die Möglichkeit, sich durch Mehrung von Besitz und Ansehen in die Adelsklasse hochzuarbeiten. Den Nährstand stellen die »Kuhherren«, freie wie unfreie Bauern. Die wechselseitigen Pflichten beider Stände regelt das überlieferte Recht. Die dritte Gesellschaftsschicht, der Lehrstand, ist irgendwo zwischen dem König und der Militäraristokratie angesiedelt. Es sind die Druiden, die »Vielwisser«. Sie genießen als Priester, Gelehrte und Rechtskundige Sonderrechte, sind von Steuerlast und Kriegsdienst befreit, und das Recht garantiert ihnen freien Verkehr zwischen den Stämmen der Insel. Außerhalb der Rechtsordnung stehen Personen ohne Eigen- oder Pachtland, wandernde Gelegenheitsarbeiter, nicht ausgelöste Gefangene, die Gebannten und die sogenannten »Grünen Hunde«, das heißt die Schiffbrüchigen oder Gestrandeten. Wie groß der zahlenmäßige Anteil dieser Gruppen an der Gesamtbevölkerung war, bleibt unklar.

Das Idol irischer Sagen ist der junge Cuchulain. Bei einer zauberischen Lehrerin lernt er die Waffenkunst und wird, noch bartlos, ein schrecklicher Kämpfer und Liebling der irischen Frauen. Seiner Erwählten stellt er sich mit den Worten vor: »Mit einem bißchen Kraft bin ich zwanzig Männern überlegen, ein Drittel meiner Stärke reicht für dreißig, und allein auf mich gestellt kämpfe ich gegen vierzig Krieger.« Nach zahllosen siegreich bestandenen Abenteuern findet der junge Held, verfolgt von dem Fluch seiner Tabus, einen tragischen Tod. Cuchulains Devise heißt: »Für einen Tag Ruhm, der mich unsterblich macht, tausche ich den Rest meines Lebens ein.« Er steht mit dieser Einstellung nicht allein, sein Motto könnte der Wahlspruch der ganzen irischen Adelskaste sein.

Am Hof besangen die Barden den Ruhm ihrer Helden und versetzten ihre Zuhörer in eine magische Welt. Da pfiffen Götter durch die Luft, die Tore der heiligen Hügel öffneten sich, Morrigan, die Schlachtengöttin, wusch die Eingeweide todwunder Krieger, und Feenmädchen entführten ihre Geliebten in kristallenen Booten.

Zwischen den Zeilen der unwirklichen Sagenwelt begegnet dem heutigen Leser die reale Lebenswelt der Kelten. Sie ist kaum weniger phantastisch. Die Erzähler berichten von Druiden, die bannkräftige Flüche verhängen, sie schildern eingehend die kostbar gewandeten Frauen, deren »dunkle zarte Wimpern auf die Mitte der Wangen Schatten werfen«, und rühmen die Recken, an deren Waffengurt die frischen Schnittköpfe ihrer Feinde baumeln. Vor unseren Augen entsteht das Bild eines widerspruchsvollen Volkes. Seine Körperkultur ist hochentwickelt. Die Gälen – und nicht etwa die Römer – haben die Seife erfunden, man liebt das tägliche Bad, pflegt sorgfältig das Haar und putzt es zu raffinierten Frisuren heraus, bevorzugt auffällige bunte Kleidung, Männer und Frauen prahlen mit ihren Broschen und kostbaren Spangen. Doch die Wohnkultur der Insel bleibt bis ins hohe Mittelalter beinahe steinzeitlich. Man haust in verrußten, von Abfall verdreckten Gemäuern und Katen und fühlt sich am wohlsten zwischen Binsen und Farnen unter dem offenen Himmel. Keltische Frauen gelten als ausgesprochen schminksüchtig und sexuell unbefangen, aber sie rattern genau wie die Männer in ihren Streitwagen waffendrohend durchs Gelände. Man bewundert die Dichter, zitiert Verse, lauscht der »Elfenmusik« in den Harfen und verschlingt dabei Unmengen von Speisen und Getränken, das Messer sitzt locker, und die geringste Beleidigung kostet Blut. Paradox wie es uns erscheint, gehört das alles doch irgendwie zusammen. Die keltische Welt ist, so wie sie ist, aus einem Stück, wie ein Picassopanorama.

Vergleicht man die Keltenheroen mit Helden der Germanen, fallen zunächst Gemeinsamkeiten auf. Cuchulain und Siegfried sind beide jung, von adeliger Herkunft und Draufgänger, und beide enden mit einem gewaltsamen Tod. Beim näheren Hinsehen zeigen sich jedoch Unterschiede. Der germanische Siegfried steht mit beiden Beinen fest auf der Erde, auch wenn er in den Wäldern mit Riesen und Drachen kämpft. Cuchulain dagegen ist ein Wanderer zwischen zwei Welten und bewegt sich ständig hart an den Grenzen der Traumwelt. Er unternimmt Phantasiereisen, muß sich zwischen seiner Frau und Feengeliebten entscheiden, versinkt in Trance und springt im nächsten Augenblick auf, um sich mit Irlands Kriegern zu schlagen. Cuchulain steckt in keiner Hornhaut wie Siegfried, sondern er lacht, ist hilflos und zärtlich, läßt sich trösten und zeigt offen seine Gefühle. Er betrauert den Tod seines Freundes in lyrischen Versen, ist zwar tollkühn wie der Germane, versteht sich aber nicht nur aufs Kampfgebrüll. Eben das erwarten die irischen Liedermacher von ihren Helden, neben dem Beweis des Schwertes den des Wortes. Schlagfertigkeit, Witz und Redegewandtheit stehen hoch im Kurs und gelten nicht weniger als Kampfmoral und physische Stärke. Haben die Krieger ihre blutige Arbeit getan, holen sie ihre Figuren hervor und spielen Schach. Jung-Siegfried wäre sich in einer solchen Umgebung sehr verloren vorgekommen.

Die Kelten waren zwar eine Militärgesellschaft, doch keine Bande von dümmlichen Schlagetots. Ganz im Gegenteil stellte das keltische Gemeinwesen beträchtliche Intelligenzansprüche an seine Führungsschicht. In der Schule eines Druiden hatten die jungen Leute mit einem zwanzigjährigen Lernpensum zu rechnen, und das läßt auf eine umfangreiche Stoffmenge schließen. Wir wissen nicht, was auf dem Lehrplan der Druiden im einzelnen stand, und werden es auch nie erfahren, denn die Priestergelehrten arbeiteten ohne schriftliche Unterlagen und Aufzeichnungen. Sie hatten alles im Kopf. Caesar, dem Eroberer Galliens, verdanken wir eine stichwortartige Zusammenfassung der Unterrichtsgegenstände, die wenigstens ahnen läßt, womit sich keltische Schüler befassen mußten: »Der Kernpunkt bei der Druidenlehre ist, daß die Seele nach dem Tod nicht untergeht, sondern von einem Körper in den anderen überwechselt. Sie stellen außerdem viele Erörterungen über die Sterne und ihre Umläufe an, über die Ausdehnung der Welt und die Größe der Erde, über die Natur der Dinge und über die Macht und den Einfluß der Götter und geben dies alles an die Jugend weiter.« Auch für Liedermacher und Barden waren sieben bis zwölf Jahre Ausbildung üblich. Dabei verwendete man weder Buch noch Pergament, verließ sich also ausschließlich auf das gesprochene Wort. So mußte die ganze kulturelle Überlieferungsmasse eines Volkes von Generation zu Generation neu in den Gedächtnissen gespeichert werden.

Die Römer, bereits im Besitz unzähliger Bibliotheken, zuckten die Achseln über soviel Umständlichkeit. Caesar vermutet, die Druiden wollten mit ihrer Bücherfeindschaft bloß verhindern, »daß ihre Lehre allgemein bekannt wurde.« Das mag teilweise zutreffen. Maßgeblich war aber wohl ein anderer Grund, der die Bedenken der Druiden gegenüber dem Buchwissen vielleicht verständlicher macht. Die von ihnen bevorzugte mündliche Überlieferung stellte nämlich sicher, daß die Tradition nicht verknöcherte, sondern lebendig und veränderbar blieb.

Das irische Recht zum Beispiel war ursprünglich patriarchalisch, begünstigte also den Mann gegenüber der Frau. Aber die Ungleichheit war kein festgeschriebenes Gesetz, und im Lauf seiner Entwicklung räumte das irische Recht den Frauen im steigenden Maß ein dem Mann gleichwertiges Besitz- und Scheidungsrecht ein. Seit dem Ende des siebten Jahrhunderts hatte eine Frau, die von ihrem Mann mißhandelt oder geschlagen wurde, rechtlichen Anspruch auf Schmerzensgeld. Eine solche Gleichstellung der Geschlechter vor dem Gesetz war im Resteuropa, wo Frauen noch Jahrhunderte später juristisch gesehen unter der Vormundschaft ihres Mannes standen, zu dieser Zeit nicht vorstellbar.

Das Familienrecht regelte unter anderem auch die Rahmenbedingungen der Pflegeerziehung, die für Jungen wie Mädchen vom siebten Lebensjahr bis zur Pubertät auf der Insel allgemein gebräuchlich gewesen zu sein scheint. Adelige und freigeborene Kinder wie Crithir und seine Freunde wuchsen nicht zu Hause, sondern in der Obhut von Zieheltern auf. Das knüpfte ein enges Netz von Familienbeziehungen zwischen den Stämmen, sicherte den gesellschaftlichen Zusammenhang und erleichterte zugleich auch den Übergang der Jugendlichen ins Erwachsenenalter.

Abseits vom übrigen Europa konnte sich in Irland die keltische Kultur lange ungestört behaupten. Die Militärs der Römer, deren Legionen im ersten Jahrhundert Britannien besetzten, sahen in der benachbarten Insel kein lohnendes Angriffsziel. Selbst Handelsbeziehungen mit den Wilden warfen kaum nennenswerten Gewinn ab. Was Irland neben dem Export von Häuten, Wolle und Sklaven zu bieten hatte, war nicht allzuviel. Am ehesten reizte noch das Geschäft mit irischen Wolfshunden, die man in den Kampfarenen des Kaiserreichs schätzte. Ihr Transport erforderte allerdings beträchtliche Sicherheitsmaßnahmen, denn, so erzählte man sich, die Tiere seien so wild, daß sie selbst die Stäbe eiserner Käfige durchbissen. Ähnliche haarsträubende Geschichten wußte man auch von den Inselbewohnern selbst zu berichten. Ein antiker Berichterstatter, der in Gallien Raubzüge irischer Piraten miterlebte, weiß Schauerliches von den Kelten zu erzählen: »Wenn sie in den Wäldern auf Schweine- oder Kuhherden stoßen, schlachten sie nicht die Tiere, sondern schneiden den Hirten die Gesäßbakken und deren Frauen die Brüste ab und verzehren sie als Leckerbissen.«

Ein anderer Schriftsteller urteilt kurz und bündig: »Irlands Bewohner sind roher und ungebildeter als alle anderen Rassen und lassen jedes Gefühl für höhere Dinge vermissen.«

Die römische Kirche allerdings hinderte der zweifelhafte Ruf der Insel nicht, ihre Fühler auszustrecken. Papst Coelestin schickte 431 einen Beauftragten übers Meer »zu denjenigen unter den Iren, die an Christus gläubig geworden sind.« Bis dahin waren die Inselbewohner erst flüchtig mit dem Christentum in Berührung gekommen, vielleicht durch Vermittlung von ausländischen Kaufleuten oder durch importierte Sklaven. Vereinzelt mögen auch schon Missionare wie Tomas in Irland gewirkt haben, noch bevor sich die römische Kirchenzentrale für die Gälen interessierte. Der entscheidende Durchbruch gelang allerdings erst Patrik, dem späteren Nationalheiligen der Iren, der um 500 die Bekehrung der Insel betrieb. Im Alter zog er Bilanz: »Viele Menschen sind durch mich wiedergeboren und getauft worden, und ich weihte überall Priester für jene, die in einem Volk, das Christus am äußersten Rand der Erde erwählte, zum Glauben gekommen waren; durch mich sind die Söhne der Iren und die Töchter ihrer Könige Mönche und Bräute Christi geworden.«

Ähnlich wie Patrik in Nord- und Mittelirland waren andere Missionare im Süden und Westen der Insel tätig. An der Atlantikküste waren die Ciarraige eines der ersten Stammesvölker, das zum neuen Glauben übertrat. Die Missionare predigten und tauften, durchzogen, allein auf sich gestellt, waffenlos die Insel und beeindruckten gerade damit die kriegerischen Iren, denen Furchtlosigkeit stets als oberste Tugend erschien. Zugleich betätigten sich die Glaubensboten als Entwicklungshelfer. Sie führten einen verbesserten, tiefergehenden Pflug ein, rodeten Walddickichte, förderten den Getreideanbau, lehrten Schreiben und Lesen und gründeten Klostergemeinschaften.

Die Christianisierung der Insel vollzog sich innerhalb weniger Menschenalter, und dabei floß weder Märtyrerblut, noch fanden sich christliche Obrigkeiten, die ihren Untertanen den neuen Glauben mit dem Schwert aufnötigten. Allerdings wird vielen Neubekehrten der Übertritt nicht leicht gefallen sein. Er bedeutete, mit dem Althergebrachten zu brechen, vielleicht sogar die Sippe zu verlassen, und forderte in jedem Fall eine völlige Umstellung des Lebensstils. Noch im sechsten Jahrhundert notiert ein Abt: »Es gibt kaum einen Bruder oder eine Schwester, die nicht vor ihrem Eintritt ins Kloster in einen Totschlag verwickelt waren.« Auch die fleischlose Kost mochte nicht jedem behagen, und die strenge mönchische Zeiteinteilung, »alle Tage beten, alle Tage arbeiten, alle Tage lesen«, entsprach nicht den bisherigen freizügigen Gewohnheiten. Dennoch fanden die Klostergemeinden Zulauf.

Unter den Mönchen der Frühzeit mögen sich bald auch Druiden und Barden befunden haben. Es bleibt ein Rätsel, warum die Druiden der neuen Religion fast ohne Gegenwehr die Insel überließen. Aber sie brachten ihr keltisches Erbe mit in die neuen Institutionen ein, wie umgekehrt bald auch die Klosterleute als Seher, Priester und Lehrer Funktionen übernahmen, die bislang Druiden wahrgenommen hatten. Zugleich jedoch sprengte der neue Glaube die irische Klassengesellschaft. Denn auch ein Unfreier oder Sklave konnte in der Kirche zu höchsten Ämtern aufrücken und an deren Vorrechten Anteil gewinnen.

Während Tomas, der christliche Druide, auf den Arans wirkt, das

Christentum in Irland mehr und mehr an Boden gewinnt, bricht über das kontinentale Europa der Völkerwanderungssturm herein. Germanische Stämme, denen die Hunnen im Nacken sitzen, überqueren im Winter 406 den gefrorenen Rhein und ziehen brandschatzend durch die gallischen Provinzen. Ein Zeitgenosse berichtet: »Zahllose wilde Völkerschaften haben ganz Gallien in Besitz genommen. Alles Land zwischen Alpen und Pyrenäen, Ozean und Rhein liegt verwüstet. Vor den Toren der Städte wütet das Schwert, drinnen der Hunger.« Vier Jahre darauf fällt »das ewige Rom« kampflos in die Hände der Goten. Ihr Führer Alarich läßt die Stadt von seinen 80 000 Kriegern drei Tage lang plündern. Das römische Weltreich ist am Ende.

Die keltische Kirche blieb von den Ereignissen auf dem Kontinent unberührt und konnte sich, fernab von den Augen der Mutterkirche, während der Folgejahrhunderte eigenständig organisieren. Die Entwicklung des irischen Christentums verläuft zeitweise chaotisch. Der asketische Eifer gälischer Mönche trieb wilde Auswüchse. Sie »schlafen im Wasser, auf Nesseln und Nußschalen«, strafen sich für ihre Sünden mit Geißelhieben, beten stundenlang stehend »mit zum Himmel gestreckten Armen, ohne daß die Ellbogen ihre Seiten berühren«, verbringen Jahre »unter den Achseln aufgehängt« in Meditation. Oder sie ziehen sich auf entlegene Inseln und Klippen zurück, hausen zerzaust und schmutzig in den Wäldern. Einsiedler, heilige Männer und Mönche stechen mit winzigen Booten in die See, suchen »die Wüste im Wasser«, werfen im Gottesrausch die Ruder weg und überlassen sich wie Crithir steuerlos den Wellen.

Die Verbannung aufs Wasser war bei den Gälen ursprünglich eine Sühne für besonders schwere Vergehen wie Sippenmord oder verbotene sexuelle Beziehungen zwischen den nächsten Blutsverwandten. Die Mönche machten aus der Strafe eine mystische Übung. Nicht alle holte die See. Der Golfstrom trug die Curraghs der heiligen Männer bis zu den Faröerinseln, der Atlantik verschlug sie nach Island und bis zum eisigen Grönland. Klöster und Siedlungen entstanden fernab von Eriu, und es ist nicht ausgeschlossen, daß irische Mönche auf diese Weise bereits tausend Jahre vor Kolumbus als erste Europäer Amerika erreichten. Die *Seereise des heiligen Brendan,* eine mittelalterliche Schrift, berichtet von den Vulkanen Islands, Killerwalen im Nordmeer, Eisbergen und den Nebelbänken vor Neufundland. Seit eine fünfköpfige Irenmannschaft 1977 bewies, daß die Atlantikroute tatsächlich mit einem kiellosen, rahbesegelten Lederhautschiff von nur elf Metern Länge und drei Metern Breite zu bewältigen war, kann die Seereise Brendans, der übrigens mehrere Jahre auf den Arans verbrachte, nicht mehr als Legende abgetan werden. Die mönchischen Fernfahrer lockte Tirnanog, und das »Land hinter den Wellen« blieb lange ein irischer Traum. Noch Jonathan Swift fabuliert in seinem Roman *Gullivers Reisen* von der utopischen, friedfertigen Insel Brobdingnag, deren Einwohner demjenigen die höchste Ehre erweisen, »der es fertigbringt, dort, wo bisher nur eine Kornähre wuchs, zwei wachsen zu lassen«. Die Erzählung, die zu einem der meistgelesenen Bücher wurde, entstand zwischen 1721 und 1726 in Irland.

Ganz geheuer war den Klostervorstehern der keltische Enthusiasmus wohl nicht. Sie ließen zwar die vom Gottesfieber befallenen Heiligen gewähren, sahen aber lieber die Brüder und Schwestern brachliegendes Land kultivieren, geregelte Gebetszeiten einhalten und über ihren Büchern sitzen. Den meisten mochten die Frömmigkeitsübungen des Klosters auch genügen. Manche priesen gar das Mönchsdasein als Idylle. Die ehemaligen Kopfjäger und gewaltigen Esser lobten nun die vegetarische Kost: »Frucht vom Ebereschenbaum, vom finsteren Schwarzdorn dunkle Schlehenbeeren, eine Handvoll Eier, Honig, Eicheln, wilde Erbsen, eine Gottesgabe!« Sie verzieren die Ränder ihrer Pergamente mit liebevollen Kleinigkeiten, Hunden und allerlei Insekten und halten in ihren Klausen Katzen als Spielgefährten. Die Naturliebe der irischen Heiligen ist sprichwörtlich. Eine Legende erzählt, daß beim Tod des frommen Mo Lua alle Tiere trauerten und klagten: »Denn er tötete kein einziges Lebewesen.«

In der irischen Klosterkultur erhielt sich das keltische Erbe, das nie den großen Zusammenhang aller Dinge aus dem Auge verliert. Da ist alles und jedes miteinander verflochten, Mensch, Natur und Kultur verbindet ein Muster von Linien, Farben und Bewegungen, wie es die kompliziert verschränkten Formen der »Teppichseiten« irischer Buchmalerei versinnbildlichen. Über sie urteilt ein mittelalterlicher Chronist: »Wenn du dir die Mühe machst, genau hinzusehen, wirst du das Geheimnis wahrer Kunst erkennen und Feinheiten sehen, so zart und delikat und voll frischer Farben, daß du nicht zögern wirst zu erklären, dies sei nicht die Arbeit von Menschen, sondern von Engeln.« Die Erzeugnisse altirischer Goldschmiede sind von gleichem künstlerischen Rang, und die folgenden Verse eines unbekannten Dichters wirken heute noch so unmittelbar wie zu ihrer Entstehungszeit im neunten Jahrhundert: »Ich sage Neues an, der Hirsch röhrt / Schneewinter kommt, der Sommer geht / Wind hoch und kalt, die Sonne steht tief / kurz ist ihr Lauf, hoch schäumt die See / faulrot der Farn, seine Pracht ist dahin / schon ruft die Wildgans ihren alten Schrei / Frost fängt die Flügel der Vögel ein / Eisige Zeiten, die sage ich an.«

Die Christianisierung der Insel, im fünften Jahrhundert begonnen, brachte es zu einem Überraschungserfolg. Innerhalb kurzer Zeit hatte die Christenlehre unter den Gälen soweit Fuß gefaßt, daß die irische Kirche nun ihrerseits daranging, die Völker des Kontinents zu missionieren. Irland wurde zwischen dem sechsten und zehnten Jahrhundert zum Kulturzentrum Europas. In irischen Klosterschulen studierte man die lateinischen und griechischen Wissenschaftstexte des Altertums, karolingische Herrscher baten Gelehrte von der Insel an ihren Hof im Frankenreich, irische Mönche bereisten die Barbarenlande und gründeten Klöster zwischen Elbe, Donau und Seine. Die Gestalt der Erde sei einem »wohlgeformten Apfel« vergleichbar, lehrten irische Geographen, wogegen ein Holzschnitt der Lutherbibel von 1534 die Welt noch als Scheibe abbildet. Irlands Astronomen berechneten bereits die Entfernung zum Mond und entwickelten mathematische Kalenderberechnungsmethoden. Das Europa des Frühmittelalters hatte dem allen kaum Gleichwertiges gegenüberzustellen.

Im päpstlichen Rom betrachtete man die irische Nationalkirche voll Argwohn. Die Gälen zeigten zuviel Eigensinn und ließen sich von der Mutterkirche nicht ohne weiteres Vorschriften machen. Aber Rom war weit, und das keltische Irland konnte seine Kultur bis ins zwölfte Jahrhundert erfolgreich gegen alle Außeneinflüsse behaupten, am längsten in den unwegsamen Landesteilen der Atlantikküste und hier besonders auf den Aran-Inseln. Dort ist die irische Mönchskirche seit dem fünften Jahrhundert zu Hause, und im Frühmittelalter strömten Studenten selbst aus Britannien und Westeuropa nach den entfernten Inseln. Eine Vielzahl von Klostersiedlungen entstand, und einige davon hielten bis ins sechzehnte Jahrhundert. Als Ara na Naomh, die »Arans der Heiligen«, genossen die Inseln europäische Berühmtheit und wurden wohl von keinem anderen Stück der Erde in der Dichte ihrer Heiligen pro Quadratkilometer übertroffen.

Die Hauptinsel wie ihre beiden kleineren Geschwister sind mit steinernen Zeugen früher Kulturen, vorgeschichtlichen Monumenten, Festungsanlagen und Ruinengrundstücken aus der Mönchszeit übersät. Wer heutzutage die karge Steinlandschaft betritt, fragt sich ungläubig, wie hier so viele Menschen jemals ein Auskommen finden konnten. Umweltzerstörung und natürliche Erosion haben die Inseln zu einer Steinwüste im Meer gemacht. Doch vordem mag es auf den Arans durchaus Bäume und Waldungen gegeben haben. Der Name Dun Eochla zum Beispiel bedeutet »Festung am Eibengehölz«. Vier Kilometer westlich von

Dun Eochla liegt unmittelbar über der hundert Meter senkrecht abfallenden Steilküste die legendäre Festung Dun Oengus. Ihre Entstehungszeit konnte noch nicht eindeutig geklärt werden. Die halbkreisförmig von hochgekanteten Steinblöcken, sogenannten »Spanischen Reitern«, gesicherte Verteidigungsanlage weist vielleicht auf Einflüsse von der iberischen Halbinsel hin, auf der sich ähnlich bewehrte Fluchtburgen finden.

Seit langer Zeit gibt es auf den Arans kein Fleckchen Muttererde mehr; die Landwirtschaft wurde daher zum Dauerproblem. Jährlich werden die blankliegenden Kalksteinterrassen mit einem Gemenge aus Seesand und Tang aufgefüllt, und der künstliche Humus trägt Gemüse, Kartoffeln und Getreide und macht sogar Viehhaltung möglich. Fischfang ist eine der Haupterwerbsquellen der Familien. Ihre Boote, die Curraghs, haben sich seit der Urzeit nicht wesentlich verändert. Sie sind kaum mehr als ein mit geteertem Segeltuch überzogenes Spantengeripppe und erweisen sich dabei doch als völlig seetauglich.

Unwirtlich wie die Arans wirkt auch die den Inseln gegenüberliegende Karstlandschaft des irischen Festlands. Ihr ältester uns bekannter Name ist Thomond, heute ist es der Burren, das »steinige Land«. In der Wildnis stößt man auf Megalithgräber, und überall liegen Trümmer alter Befestigungsanlagen zuhauf. Der Burren war einst ein hochgeschätztes Weideland, und um seinen Besitz stritten sich die Connachta mit den Königen von Muma im Süden, denen es schließlich gelang, das Gebiet endgültig an sich zu reißen. Die Spuren der Vergangenheit beweisen, daß der Burren ehemals dicht besiedelt gewesen sein mußte. Übriggeblieben ist allein der Reiz einer beinah vorweltlichen Landschaft.

Crithir und Ronait, die Könige Ruad und Uisliu sowie auch die anderen handelnden Personen des Buches sind historisch nicht belegt. Die Lebenswelt des fünften Jahrhunderts, die das Buch darstellt, ist jedoch, zumindest in Umrissen, für uns greifbar.

Einzelne Erzählmotive, zum Beispiel das Hirschopfer, die verbotene Geschwisterliebe, der Fluch des mißachteten Tabus, entstammen der irisch- und kontinentalkeltischen Sagentradition. Ihr verdankt die europäische Literatur wichtige Anstöße, zum Beispiel *Tristan und Isolde,* die Gralslegende und den Artusroman, der vom letzten britischen Keltenkönig und seinem Schwert Calibur erzählt, Stoffe und Themen, die nichts von ihrer Faszination verloren haben*.

In der Mitte des zwölften Jahrhunderts fielen englische Armeen in Irland ein, und die Insel wurde für sieben Jahrhunderte zum britischen Kolonialbesitz. Die Verfassung der Besatzer schloß Iren von allen politischen Ämtern aus, setzte das alte keltische Recht außer Kraft und verbot im Zuge einer konsequenten Rassentrennungspolitik sogar die Ehe zwischen Engländern und den Eingeborenen. Englische Lords, die sich der Ländereien bemächtigten, betrachteten die Iren als »keltisch sprechende Tiere« und ließen sie zu Hunderttausenden abmetzeln. Widerstand gegen die Besatzungsmacht wurde rücksichtslos erstickt. Im Jahr 1775 erließen britische Richter folgendes Urteil gegen die Rebellen: »Ihr sollt auf Reisig geschnürt zum Hinrichtungsplatz gebracht werden, wo Ihr am Hals aufgehängt werden sollt. Nicht freilich so lange, bis Ihr tot seid. Noch bei lebendigem Leib sollen Eure Körper abgenommen und Euer Gedärm herausgerissen und vor Euren Augen verbrannt werden. Dann sollen Eure Köpfe abgeschlagen und Eure Körper in vier Teile zerlegt werden, diese Teile sowie Eure Köpfe sollen dann zur Verfügung des Königs stehen.«

Verlorene Aufstände, Hungersnöte, Pachtsklaverei und Auswanderung zehrten an Irlands Kraft. Von 8,5 Millionen, die man vor

---

* Zum Weiterlesen über die altirische Kultur empfehlen sich die Bücher
Gerhard Herm: *Die Kelten.* Hamburg 1977
Frederik Hetmann: *Die Reise in die Anderswelt.* Köln 1981

hundertvierzig Jahren auf der Insel registrierte, ging die Bevölkerungszahl auf 4,5 Millionen bei der letzten Volkszählung 1971 zurück. Erst 1921 konnte die Insel unter der Führung der Irisch Republikanischen Armee (IRA) das Recht auf Selbstbestimmung erkämpfen. Unter Vermittlung der USA kam ein Vertragstext zustande, der Irland die Stellung eines Freistaats im britischen Empire gab. Das Parlament blieb allerdings der britischen Krone durch Treueid verpflichtet, und die Iren mußten die Abtrennung der Nordprovinz Ulster und den Fortbestand englischer Marinestützpunkte in ihren wichtigsten Häfen hinnehmen. 1937 erklärte die Republik ihre volle Souveränität, die letzten Besatzungsrechte erloschen, doch das Nordirlandproblem blieb offen, und eine Lösung ist auch gegenwärtig nicht in Sicht.

Europa, das Irlands Kultur beerbte, ist der Republik Solidarität schuldig. Dazu gehört, daß wir lernen, Irlands Geschichte als Teil unserer Geschichte wahrzunehmen und, wie es der SPIEGEL 1983 anläßlich einer Ausstellung irischer Nationalkunst in der BRD formulierte, »ein weitverbreitetes Zerrbild zu korrigieren, demzufolge die Iren als liebenswertes, aber mäßig intelligentes Volk von Rauf- und Saufbolden gelten, dessen einziger Beitrag zur westlichen Kultur die Erfindung des Whisky gewesen sei.«

Inhalt

Romane von Arnulf Zitelmann

Abram und Sarai

Roman. Mit einem Nachwort des Autors
Gebunden, 248 Seiten (79605) *ab 14*

Ein Roman über Abram, den wandernden Herdenkönig aus altbabylonischer Zeit, und seine Frau Sarai. Bei Abram nehmen die Religionen des Judentums, des Christentums und des Islams ihren Anfang, sie alle berufen sich auf ihn. »Erstaunlich wie Zitelmann es schafft, die ganze theologische Archäologie in eine bildliche Erzählung zu verwandeln.« *DIE ZEIT*

Bis zum 13. Mond

Eine Geschichte aus der Eiszeit. Mit einem Nachwort des Autors
224 Seiten, Gulliver Taschenbuch (78129) *ab 12*

Der Winter im Eisland ist hart. Manchmal, wenn Quila die Seele davonfliegt, begegnet sie der Bisonfrau in ihren Träumen. Doch diese Seelenflüge schmerzen und isolieren Quila von der Gemeinschaft. Erst Mir, der Heiler, kann ihr helfen und den Weg ins Land der Bisonfrau zeigen. Als Ausgestoßene durchquert Quila die Tundra und wird schließlich selbst Heilerin.

Der Turmbau zu Kullab

Abenteuer-Roman aus biblischer Zeit. Mit einem Nachwort des Autors
Gebunden, 240 Seiten (79771), Gulliver Taschenbuch (78040) *ab 12*

Die Steinzeit geht zu Ende. Zwischen Euphrat und Tigris wird ein Turm gebaut, der Turm zu Kullab, der alles in den Schatten stellen soll, was Menschen bisher geschaffen haben. Dim und Akunga kommen nach Kullab und erleben dort die letzten Tage der mächtigen Stadt. Es gibt Wirren und Aufstände, der Weg zurück ist für Dim und Akunga schwer.

Hypatia

Roman. Mit einem Nachwort des Autors
Gebunden, 280 Seiten (80195), Gulliver Taschenbuch (78750) *ab 12*

Die spannende Geschichte einer außergewöhnlichen Frau in Alexandria im Jahre 400. Selbstbewußt, hochgebildet und politisch engagiert, forderte die Philosophin Bewunderung, aber auch Feindschaft heraus. »Zitelmann fesselt von der ersten bis zur letzten Seite« *Badische Zeitung*
Auswahlliste Deutscher Jugendliteraturpreis

Beltz & Gelberg

Beltz Verlag, Postfach 10 01 54, 69441 Weinheim

Romane von Arnulf Zitelmann

Jenseits von Aran

Abenteuer-Roman aus Altirland

Gebunden, 208 Seiten (79770), Gulliver Taschenbuch (78042) *ab 12*

Während in Europa die Völkerwanderung beginnt, Roms Macht ins Wanken gerät, scheint im keltischen Irland die Zeit stillzustehen. Doch die Ruhe trügt: Irlands Könige kämpfen um die Vorherrschaft auf der Insel. Auf dem Schlachtfeld will Crithir Ruhm und Ehre gewinnen und gerät dabei ins Ränkespiel der Macht. Als Ausgestoßener kämpft er auf eigene Faust weiter und kehrt siegreich in die Heimat zurück. Doch der Sieg ist teuer erkauft.

»Kleiner Weg«

Abenteuer-Roman aus der Frühzeit

Mit einem Nachwort des Autors. Mit Bildern von Willi Glasauer

Gebunden, 200 Seiten, »Kinderbibliothek« (79510)

Gulliver Taschenbuch (78039) *ab 12*

Kleiner-Weg ist ein Höhlenjunge. Er hat seinen Klan, die Geierleute, bei einem Vulkanausbruch verloren. Die Steppe verbrannte, die Tiere flohen. Auch Kleiner-Weg verläßt sein Land und geht über die Berge.

Mose, der Mann aus der Wüste

Roman. Mit einem Nachwort des Autors

Gebunden, 296 Seiten (80083) *ab 14*

Mose, der von einer Königsfrau aus dem Wasser gezogen wurde, war ein schwieriger und einsamer Mensch, so will es die Überlieferung. Aber seine Hoffnung, seine Visionen von Freiheit haben ein ganzes Volk in Bewegung gesetzt, als er aus der Wüste kam und vor den Pharao trat. Ein spannender Roman über Mose und die alt-ägyptische Zeit.

Nach dem großen Glitch

Abenteuer-Roman aus der Zukunft. Mit einem Nachwort des Autors. Gulliver Taschenbuch, 208 Seiten (78024) *ab 12*

Nach dem großen Glitch, der Superkatastrophe, sind neue Meere und Urwälder entstanden. Und vereinzelt geht auch das menschliche Leben weiter. Oci, Schiffsmädchen auf einem Forschungsschiff, trifft in den Bergen hinter dem Ruhrtalwatt auf André und seine Leute, die ohne Industrie eng verbunden mit der Natur leben. Erst nach vielen Abenteuern kann sich Oci entscheiden, wo und wie sie leben möchte.

Beltz & Gelberg
Beltz Verlag, Postfach 1001 54, 69441 Weinheim

Romane für Kinder und Jugendliche

Ghazi Abdel-Qadir
Die sprechenden Steine
Roman. Mit einem Nachwort von Susann Heenen-Wolff
Gebunden, 152 Seiten (79600), Gulliver Taschenbuch (78283) *ab 11*
Eine einfühlsame Erzählung über die ersten Monate der Intifada aus der Sicht des
11jährigen Palästinensers Kamal, der von Versöhnung und Frieden träumt. »Ein
wichtiger literarischer Versuch, das Leben palästinensischer Kinder unter israelischer
Besatzung für deutsche Kinder vorstellbar zu machen.« *Felicia Langer*
Auswahlliste zum Deutschen Jugendliteraturpreis

Inge Auerbacher
Ich bin ein Stern
Erzählung. Aus dem Amerikanischen von Mirjam Pressler
Mit Fotos und Zeittafel
Gebunden, 88 Seiten (80045), Gulliver Taschenbuch (78191) *ab 11*
Inge Auerbacher, als Kind einer jüdischen Familie in einem schwäbischen Dorf
aufgewachsen, ist sieben, als sie 1942 mit ihren Eltern in das KZ Theresienstadt
deportiert wird. Aus der Sicht des Kindes erzählt sie von dieser Zeit.

Heike Brandt
Katzensprünge
Roman. Gebunden, 192 Seiten (79681) *ab 12*
Für den 11jährigen Dirk ist die Welt in Berlin zunächst völlig fremd. Doch irgendwann
ist das Eis gebrochen, und er lernt auch Amina und den Skater Emil kennen. Doch
dann passiert die Sache mit Markus, und Dirk weiß, nur Katzen haben sieben Leben.

Reinhard Burger
Der Wind und die Sterne
Roman für Kinder. Mit einem Nachwort des Autors
Gebunden, 120 Seiten (80080), Gulliver Taschenbuch (78189) *ab 12*
Die eindringliche Geschichte des äthiopischen Jungen Abebe, der die
Dürrekatastrophe seines Dorfes erlebt und mit seinem Großvater Hilfe aus der
Stadt holen will.
Peter-Härtling-Preis für Kinderliteratur

Beltz & Gelberg
Beltz Verlag, Postfach 100154, 69441 Weinheim

Romane für Kinder und Jugendliche

Dagmar Chidolue
Mach auf, es hat geklingelt
Roman für Kinder. Mit Bildern von Peter Knorr
Gebunden, 180 Seiten (80181), Gulliver Taschenbuch (78174) *ab 10*
Dies ist die Geschichte von Katzen, Mäusen und der schrecklichen Povi-Bande. Und
von Isabel, der schönsten und besten Mutter der Welt. Und vor allem von Olscho Povi,
die nichts lieber sein möchte als Mitglied der Povi-Bande.

Virginia Hamilton
M.C. Higgins, der Große
Aus dem Amerikanischen von Heike Brandt
Roman. Gebunden, 352 Seiten (80693) Gulliver Taschenbuch (78729) *ab 14*
Wie M.C. Higgens damit fertig wird, daß die Bolldozer die idyllische Landschaft Ohios
zerfurchen, auch den Berg, auf den sich seine Urgroßmutter seinerzeit als Sklavin
flüchtete, »hat die große Erzählerin spannend, anklagend, einfühlsam und voller Liebe
für Mensch und Natur dargestellt«. *Brigitte*
Gustav-Heinemann-Friedenspreis

Peter Härtling
Tante Tilli macht Theater
Roman. Gebunden, 112 Seiten (79759) *ab 10*
David liebt Paula und kann es nicht sagen. Und Tante Tilli mag manchmal ein wenig
durchgeknallt sein, doch was wäre die Welt ohne sie. Als David nach dem Unfall im
Krankenhaus liegt, hilft ihm Tante Tilli und macht für ihn und andere Kinder Theater.
Doch seine große Entscheidung muß David ganz alleine treffen. Eine ereignisreiche,
zugleich ernste und heitere Geschichte um Liebe und Freundschaft.

Raya Harnik
Mein Bruder, mein Bruder
Roman. Aus dem Hebräischen von Mirjam Pressler
Gebunden, 184 Seiten (79695) *ab 14*
Rones Leben verändert sich mit dem Tod des Bruders. Wie er mit der Trauer und dem
Schmerz fertig wird und seine Kindheit verläßt, erzählt dieser eindrucksvolle Roman,
der zugleich Einblick in die moderne israelische Geschichte gibt.

Beltz & Gelberg
Beltz Verlag, Postfach 100154, 69441 Weinheim

Romane für Kinder und Jugendliche

Kirkpatrick Hill

Starker-Sohn und Schwester

Roman. Aus dem Amerikanischen von Susanne Koppe
Gebunden, 122 Seiten (79603), Gulliver Taschenbuch (78228) *ab 10*
Es ist ein langer und einsamer Sommer, in dem alles anders ist. Der 11jährige
Starker-Sohn und die 8jährige Schwester müssen in ihrem Sommerlager am Yukon mit
allem alleine zurecht kommen. Eine anrührende und spannende Geschichte von dem
Überleben zweier Kinder in der Wildnis Alaskas.
Blaue Brillenschlange

Josef Holub

Bonifaz und der Räuber Knapp

Roman. Gebunden, 248 Seiten (78697) *ab 12*
Voller Humor und Wärme erzählt Josef Holub, wie es den Waisenknaben Bonifaz
im Jahre 1867 in das Dorf Graab verschlägt. Und erzählt wird von einer wunderbaren Freundschaft und wie das war mit dem Räuber Knapp – ein großartiger Roman
für Kinder.
Zürcher Kinderbuchpreis »La vache qui lit«

Margaret Klare

Heute nacht ist viel passiert

Geschichten einer Kindheit
Mit einem Vorwort von Peter Härtling
Gebunden, 96 Seiten (80030), Gulliver Taschenbuch (78159) *ab 12*
1938–1946, eine Zeit mit Bomben, Angst und Hunger, voller Leid und Trauer. Doch
auch in solchen Zeiten spielen und lachen Kinder. Das Kind, das diese Geschichte
erzählt, erlebt alles mit wachen Augen und tief im Herzen.
Peter-Härtling-Preis für Kinderliteratur

Robin Klein

Quer durch die Galaxie und dann links

Roman. Aus dem Englischen von Salah Naoura
Gebunden, 176 Seiten (79679) *ab 12*
Das Mädchen X, Qwrk, Dovis und ihre Eltern müssen Zyrgon fluchtartig verlassen und
landen, quer durch die Galaxie und dann links, auf dem Planeten Erde. Was sie dort
erleben, erzählt Robin Klein außerordentlich witzig und originell in diesem Roman,
nach dem die gleichnamige Fernsehserie entstand. Eine »Verkehrte Welt«, in der auch
die Rollenverteilung zwischen Erwachsenen und Kindern auf den Kopf gestellt ist.

Beltz & Gelberg
Beltz Verlag, Postfach 100154, 69441 Weinheim

Romane für Kinder und Jugendliche

Klaus Kordon
Wie Spucke im Sand
Roman. Gebunden, 324 Seiten (80183), Gulliver Taschenbuch (78758) *ab 12*
Die fesselnde Geschichte eines indischen Mädchens, das ihr Dorf verlassen muß, zu
einer Rebellenbande in die Berge flieht und schließlich in der Großstadt einen neuen
Anfang macht.
*Preis der Ausländerbeauftragten des Senats von Berlin, Jugendliteraturpreis der Stadt
Bad Harzburg, Jenny Smelik/IBBY-Preis Amsterdam, Holländischer Jugendbuchpreis
»Der Silberne Griffel«, Auswahlliste Deutscher Jugendliteraturpreis*

Klaus Kordon
Monsun oder Der weiße Tiger
Roman. Gebunden, 424 Seiten (79677) *ab 12*
Die Geschichte der schwierigen Freundschaft zwischen dem armen Gropu und dem
reichen Bapti – ein großer Roman über das heutige Indien.
Friedrich-Gerstäcker-Preis, Preis der Leseratten

Robert Leeson
Es ist mein Leben!
Roman. Aus dem Englischen von Lieselott Baustian
Broschur, 132 Seiten (80635), Gulliver Taschenbuch (78704) *ab 14*
Jans Mutter war nicht zurückgekommen. Jetzt soll Jan sich um den Haushalt und den
Vater kümmern. Ihr wird bald klar, was von ihr als Frau erwartet wird. Und sie beginnt,
die Mutter zu verstehen. »Zupackend erzählt, in spröden, lakonischen Sätzen, die nichts
tarnen, nichts zudecken.« *Mannheimer Morgen*

Waren Miller
Kalte Welt
Ein Bandenchef aus Harlem berichtet
Aus dem Amerikanischen von Harry Rowohlt
Roman. Gebunden, 188 Seiten (80812), Gulliver Taschenbuch (78719) *ab 14*
Ein Dschungelbuch aus New Yorks Stadtteil Harlem, das vom Kampf zweier
Banden gegeneinander erzählt, vom Alltag zwischen Messern, Shit und der Flucht vor
der Polizei.
Auswahlliste Deutscher Jugendliteraturpreis

Beltz & Gelberg
Beltz Verlag, Postfach 10 01 54, 69441 Weinheim

Romane für Kinder und Jugendliche

Christine Nöstlinger
Der TV-Karl
Roman. Mit farbigen Bildern von Jutta Bauer.
Gebunden, 80 Seiten (79670), Gulliver Taschenbuch (78294) *ab 10*
Zwischen dem TV-Karl und Anton entsteht eine große Freundschaft. Und weil der
TV-Karl zum echten Lebensberater für alle Anton-Probleme wird, will ihn der Anton
auch mit niemandem teilen. Doch die phantastische Tagebuch-Geschichte nimmt eine
dramatische Wendung.

Benno Pludra
Das Herz des Piraten
Roman. Mit Bildern von Jutta Bauer
Gebunden, 172 Seiten, Gulliver Taschenbuch (78086) *ab 10*
Am Strand findet Jessica einen Stein, und sie findet damit das Herz des Piraten, dem
sie auch von ihrem Vater, dem Zirkusreiter Jakko, erzählen kann. »Pludras Erzählung
gehört zum Schönsten, was die Kinderliteratur der letzten Zeit hervorgebracht hat.«
FAZ

Uri Orlev
Julek und die Dame mit dem Hut
Roman. Aus dem Hebräischen von Mirjam Pressler
Gebunden, 264 Seiten (79747)
Zwei Jahre nach Kriegsende führt die abenteuerliche Suche nach einer neuen Heimat
den 17jährigen Julek, einziger Überlebender seiner Familie, nach Palästina, wo ein
jüdischer Staat entstehen soll. In einem geheimen Vorbereitungslager bei Rom wartet
Julek auf das Schiff, das ihn und andere Jugendliche ins »Gelobte Land« bringen soll.
Hier findet er Freunde, und vor allem lernt er Teresa kennen. »Ein meisterhaftes
Buch.« *Batya Gur, Ha'aretz*

Mirjam Pressler
Wenn das Glück kommt, muß man ihm einen Stuhl hinstellen
Roman. Gebunden, 184 Seiten (79648), Gulliver Taschenbuch (78293) *ab 12*
Am liebsten ist Halinka, die in einem Heim lebt, allein in ihrem wunderbaren
Versteck auf dem Speicher. Aber irgendwann beschließt sie, sich nicht mehr alles
gefallen zu lassen.
Deutscher Jugendliteraturpreis, Zürcher Kinderbuchpreis »La vache qui lit«

Beltz & Gelberg
Beltz Verlag, Postfach 10 01 54, 69441 Weinheim

Romane für Kinder und Jugendliche

Galila Ron-Feder
Mein liebes Selbst
Roman. Aus dem Hebräischen von Mirjam Pressler
Gebunden, 136 Seiten (79735) *ab 12*
Seit der 13-jährige Zion bei der Pflegefamilie Scharoni in Haifa lebt, muß er Tagebuch
schreiben. Erst widerwillig, dann ganz besessen davon erzählt Zion von seinem
früheren Leben in Beit-sche'an, wo er trotz Armut und schlechter Noten alles toll fand.
Richtig gut geht es ihm erst, als er statt Tagebuch Briefe an seine Freundin Batja
schreiben kann. »Ein sehr feinfühliges, warmherziges, auch humorvolles Buch … das
leichtfüßig daher kommt, aber alles andere als leichtfertig ist.« *Frankfurter Rundschau*

Wolfgang Rudelius
In einer anderen Welt
Roman. Gebunden, 152 Seiten (79736) *ab 13*
Walder ist nicht verrückt. Das weiß Uli ganz genau. Wenn Uli aus der Schule kommt,
geht er gleich zu Walder in den Schrebergarten. Hier erlebt er eine ganz andere Welt.
Und vor allem findet er einen Freund. Ausgrenzung wird schmerzhaft erfahren – eine
Erzählung aus der Sicht eines Elfjährigen, der fest daran glaubt, daß sich alles zum
Guten wenden muß.

Karla Schneider
Wenn man Märri Schimmel heißt
Roman. Gebunden, 184 Seiten (79617), Gulliver Taschenbuch (78263) *ab 12*
Märri Schimmel nimmt kein Blatt vor den Mund. Offenherzig und witzig berichtet sie
von einer ereignisreichen Woche ihres Lebens, von kleinen Katastrophen zu Hause,
einer ziemlich großen in der Schule, vor allem aber davon, wie sich die Geschichte mit
Wlado entwickelt.

Nasrin Siege
Wie der Fluß in meinem Dorf
Roman. Gebunden, 136 Seiten (79639), Gulliver Taschenbuch (78227) *ab 12*
Sombo ist stolz, endlich auf die Schule in der Stadt gehen zu können. Dort ist alles ganz
anders als in ihrem Dorf in Sambia. »Diese Geschichte aus dem südlichen Afrika ist so
natürlich, überzeugend und unaufdringlich lehrreich erzählt, daß man sie wärmstens
empfehlen möchte.« *FAZ*
Preis der Ausländerbeauftragten des Senats von Berlin

Beltz & Gelberg
Beltz Verlag, Postfach 1001 54, 69441 Weinheim

Romane für Kinder und Jugendliche

Norman Silver
Keine Tiger in Afrika
Roman. Aus dem Englischen von Susanne Koppe
Gebunden, 136 Seiten (80815), Gulliver Taschenbuch (78733) *ab 14*
Als Selwyn mit seiner Familie nach England emigriert, glaubt er, alle Probleme in
Johannesburg gelassen zu haben. Doch sie verfolgen ihn wie ein Rudel hungriger
Hyänen ... »Ein herausragender Debütroman, ein gewaltiges Buch.« *DIE ZEIT*

Mildred G. Taylor
Donnergrollen, hör mein Schrei'n
Roman. Aus dem Amerikanischen von Heike Brandt
Gebunden, 236 Seiten (80137), Gulliver Taschenbuch (78071) *ab 12*
Mississippi Anfang der dreißiger Jahre. Cassie und ihre Familie kämpfen um ihren
Landbesitz, der ihnen von den Weißen streitig gemacht wird. »Dieses spannende
Jugendbuch ist ein Schlüsselwerk zum historischen Verständnis der
Rassendiskriminierung in den USA.«
Buxtehuder Bulle

Cordula Tollmien
Fundévogel
oder Was war, hört nicht einfach auf
Roman. Gebunden, 256 Seiten (80044), Gulliver Taschenbuch (78185) *ab 12*
Dresden 1945/46. Elisabeth steht eines Tages auf der Straße und wird von der Familie
Winter aufgenommen. Ein poetischer, warmherziger Roman über eine Kindheit in
einer schwierigen Zeit. »Was kindliche Leser (und erwachsene) nachhaltig berühren
kann, ist Mut zum Leben.« *DIE ZEIT*

Tatjana Wassiljewa
Ab jetzt zählt jeder Tag
Roman. Gebunden, 216 Seiten (79647) *ab 12*
Die 13jährige Tanja läßt Rußland und ihre Kindheit hinter sich, als sie nach
Deutschland verschleppt wird, wo sie als Zwangsarbeiterin im »Dritten Reich« das
Kriegsende erlebt. In ihrer klaren, schlichten Sprache erzählt die Autorin von Dingen,
die geschehen sind. Ein bewegender Roman, der vom Mut zum Überleben handelt.

Beltz & Gelberg
Beltz Verlag, Postfach 100154, 69441 Weinheim